毎日、無理なく、機嫌よく。

40代からの暮らしを楽しむ小さなヒント

香菜子

JN247342

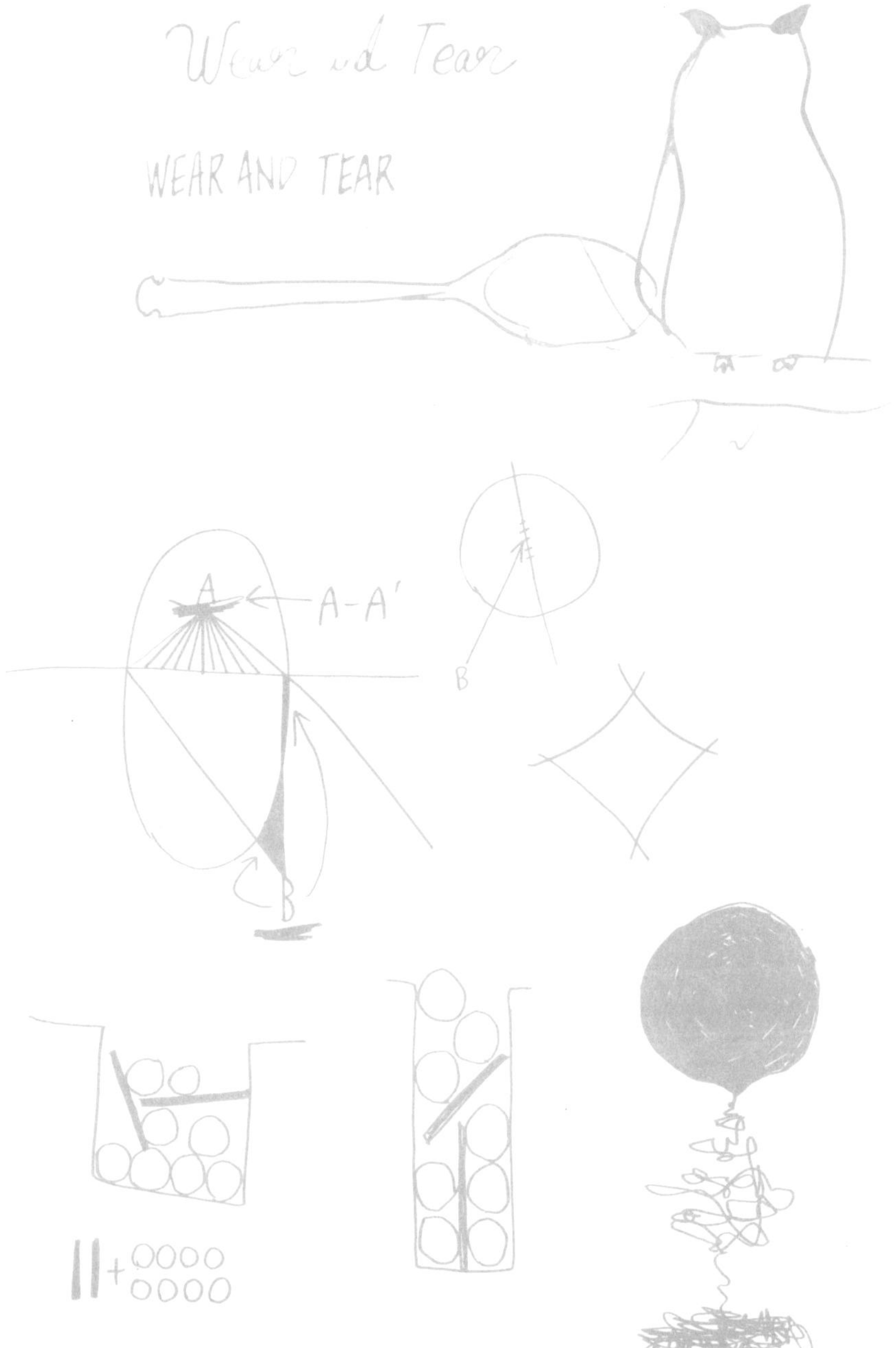
Wear and Tear
WEAR AND TEAR
A
A-A'
B
B

1234567890

はじめに

こんにちは。香菜子と申します。はじめてわたしのことをお知りになる方もいらっしゃるかもしれませんので、簡単に自己紹介をいたします。

わたしは18歳からモデルを始め、23歳で第一子(娘)を出産。出産を機にモデルを引退し、一度、家庭に入りました。

その後、30歳で第二子（息子）を出産し、それを機に雑貨ブランドを設立。33歳の頃からイラストレーターとして活動を始めるとともに、16年のブランクを経てモデル業も復帰。43歳のとき、HOTEL VILHELMS（ホテル ヴィルヘルムス）という架空のホテルを作り、プロダクト制作を開始。現在に至ります。今年45歳になりました。

ありがたいことに、お会いした人から「香菜子さん、いつも穏やかですよね。怒ったりすることあるんですか？」と言っていただくことがあります。

わたしも普通に、もちろんあります。

結婚が早かったこともあり、今は子どもが大きくなって手がかからなくなったぶんだけ、心に少しゆとりを持って過ごせるようになりました。

しかし、子育て真っ最中のときは、それはもう毎日必死で、絶えず眉間にシワを寄せていましたし、気持ちに余裕がまったくありませんでした。現在も、反抗期ど真ん中の中学男子の母親ということもあり、イラッとさせられるネタには事欠きません。

プライベートでのわたしと、社会人としてのわたし。2つの顔があり、いいことも悪いこともそれぞれに経験し、ストレスを感じたり、辛い思いをしたりすることは当然あります。

しかし、それをあからさまに表に出さずに済んでいるのは、自分なりに日々を楽しもうと意識しているからかもしれません。

本書では、今年45歳を迎えたわたしなりの日々の楽しみ方をいくつかご紹介しています。

ただ、楽しみ方と言っても、ごくささいなことばかりで、とりわけ目立ったことはしていません。していることと言えば、自分が好きなこと、大切にしたいことを暮らしの中にとりいれて、いらなくなったものをなくしているだけ。

本当にありきたりなことばかりですが、そうするだけでも余計なストレスが減りますし、日々の充実度が変わってきます。

わたしは、削ぎ落とす作業を心から楽しめるようになってくるのが、40代頃からのような気がしています。これは、若い頃には気づかなかった楽しみ方です。

年齢を重ねるにつれて、体はしんどくなってくるけれど、考え方は軽くなる――。

本書を読んでくださった読者の方が、肩の力を抜いて、楽しい気持ちで、これからの日々を過ごしていただけることを願っています。

香菜子

目次

1章　自分のものさし

2章　ひとりの時間

1章

自分のものさし

子どもの頃、「40代」と聞くと、なんでもわかっている、しっかりした大人だと思っていました。

でも、いざ自分がその年齢になってみると、ちょっとしたことで自信をなくしたり不安になったり。

自分のもろさに驚くことも、まだまだたくさんあります。

でも、今までの経験を通して思うのは、人と比較するのはよくないということ。

そして、人と比べても、結局、自分が納得できなければ正解は探せないということ。

そこの軸がブレなければ、きっと答えは見つかる気がします。

とるに足りないもの

生活に直接は必要ないけれど、あると満たされるものと、生活に本当に必要なものの割合……。わが家にあるものの、その割合ってどれくらいだろう？

ある日ふと、そんなことを思ったのは、散歩の途中で見つけた1枚84円の昔のチェコのマッチラベルを2枚買ったあと。

1枚が掌に収まるほどの大きさで、印刷の色合いや少しざらっとした無骨な紙の質感、デザイン、どれもがツボでした。

何に使うかわからないし……と思い直し、一度は商品棚に戻したものの、やっぱり好きだなあ。近くに置いておきたいという気持ちが勝り、レジに向かいました。

40代を迎えてから、意識してものを減らすようになりました。

年末に着なくなった衣類をフリマに出したり、本を減らしたり。

近頃は「もう人生の半分は過ぎたから、ものも半分に減らす！」なんて豪語しています。

しかし、その実、ものを減らすというのは、なかなか難しいもの。

だって世の中、おもしろいもの、便利なもの、すてきなものがたくさんあり過ぎなんですもの！

作った人の背景やストーリーを知ってしまえば、なおさらです。

食品やそれを調理する道具は、切る作業なら包丁があればいいけれど、もっと効率よく、細かくきれいに切りたいからスライサーを。

よりおいしいコーヒーを飲みたくて、豆から挽いて飲めるようにコーヒーミルを。

道具だけではなく、食材も同様。料理の飾りつけがあるのとないのとでも、見た目の印象が全然違います。たとえばグラタンを作ったら、そのまま食べてもおいしいけれど、刻みパセリをあしらったら、見た目もきれいで香りもよくなるし、おいしさは数割増しにもなります。

お風呂に入るなら、極論を言ってしまえば、石鹸1個あれば、頭からつま先まで全身洗えるけれど、シャンプーはやっぱりあったほうがいい。香りはフローラル系よりも爽やかなシトラス系の香り。自分が動いたときにふんわり好みの香りがすれば、さっきまでのイライラが消えて、隣にいる人に優しくなれるかもしれない。

寒い季節なら風邪をひいてはいけないから、防寒のコート。2枚ほどあれば交互に着れるので最低限足りるかもしれないけれど、コーディネートを楽しみたいから、ステンカラーのコート、トレンチコート、たまにはハードにライダース……。ばっちりキマれば、それを着ている自分が好きになる。

不要なものを削ぎ落とす作業は大切だと思ってはいますが、わたしはミニマリストにはなれません。断捨離して最低限のものばかりでは、それはそれは味気ない世界になることは想像に難くなく、わたしには楽しみがない日々になってしまうのです。

そうすると、とるに足りないものに見えて、実はほぼ100%近くは〝必要なもの〟

なんじゃないか？　と思えてきました。

ところで最初に出てきたマッチラベル。

買ったはいいものの、実はまだ何に使うかはまったく未定で、時々眺めては、かわいいなあ、と思っているだけなんです。

もしかしたら、今後、自分がなにかデザインや、もの作りをしたときに、色味や質感のヒントを得てアウトプットしているかもしれません。

そのまま真似はもちろんいけないけれど、このデザインを何度も見て、自分の中で消化して細胞まで染み込ませて、無意識にぽっとアイデアが出てきたら、それはわたしのオリジナルになっているはず。

必要最低限のものは消化して排泄して終わりだけれど、プラスアルファの心を満たすものは、血となり肉となり骨になり「オリジナルのわたし」を作る栄養になる。

だから、他人からすると、とるに足りないものに見えるかもしれませんが、わたしにとっては、とるに足りないものは結局すべて、「自分を作る必要なもの」「心が満たされるために必要なアイテム」なのです。

1 散歩の途中で見つけて買ったチェコのマッチラベル2枚。2 ロシアの人にもらった漆塗りの木匙。3 プラスチック製のミニチュア骸骨。4 パリの雑貨屋で見つけたカンバッチ（水色、赤色）。5 鎌倉のお土産屋さんで見つけたミニピッチャー。6 ロンドンで買った消しゴム。かわいいので使っていません。7 方位磁針。8 エストニアで見つけた陶器の人形。服は手作りするそうです。9 陶器のユニコーン。カナダで購入。10 友人が作った木の豆皿とビーズの小物

2
3
4
Frimeur

あえて「しない」という選択

かつて味噌を作ったことがありました。

大豆を洗い、水に浸けて一晩。数時間じっくり茹でて潰し、麹と塩を混ぜて樽に漬け、表面についたカビをとりのぞき、めんどうを見ながら1年近く。ていねいに、ていねいに根気よく。

ほほお。味噌って、こうやってできるのね。

手間をかけてじっくり発酵させた手前味噌、なんておいしいのでしょう。

味噌汁を作るたびにおいしくて「わたし、天才かも」なんて思ったのも束の間。作ったのはなんと、一度だけ。いつからかわたしは「味噌は、おいしく作られたものを感謝しつつ買う」ことに決めました。

一度でも作ったことがあるということは、とても意味のあることで、たとえ値が張っても「あれだけ手間がかかるんだもの」と気持ちよくお金を出すことができます。

そして現状、仕事を抱えながらの味噌作りなどは負担が大きすぎるのです。

気乗りしないということだって、作らない理由には十分です。


梅酒も、作ったのは数回のみです。

実家では、毎年母が作る梅酒を当たり前のように飲んでいましたが、なにしろ手間がかかりますよね。おいしいものって。

梅酒を漬け込む時期にSNSを見ると、「梅仕事をしています」「今年はブランデーで漬けています」など、それぞれの楽しみ方で投稿が見られます。

そこで「ああ、わたしもやらなくちゃ」と焦ってしまうことがあるかもしれません。

わたしも以前は、そんなところがありました。

「みんながやっている」ように見えてしまうのが、SNSのちょっぴり怖いところ。

みんながやっていると聞くと、つい周りに流されて、やらないのはダメなように思ってしまったり、それができない自分をどうしても責めてしまいがちです。

でも、がんばりすぎてつらくなってしまうぐらいなら、やらないことにしたほうが、いっそ無理がかからずいいんじゃないかと思い直しました。

今は「わたしも同じようにすべき」とはまったく思わず、「この梅仕事の上手な友人の家に遊びに行ったら、梅酒いただこう。いひひ」という、やましい企てはしています。

味噌も然り。わたしのように「買えばいいや」「お裾分けして貰えばいいや」って思っている人もいるはず。

そしてそんな人は、ＳＮＳにそのことを挙げたりしないのです。

「味噌が作れないからもらったよ、いひひ」なんてことは書かないのです。

やらないことと言えば、もうひとつ。

布巾をやめました。冬場はまだいいのですが、夏場は台布巾が雑菌ですぐに臭うのがどうしてもいやなのです。

まめに消毒すればいいけれど、これも仕事の忙しさを言い訳にしているのと、塩素系漂白剤で消毒をしたら環境によくないかなあ、という思いもあります。

言い訳にもなるのですが、その選択をするならば……と、キッチンペーパーを食器用布巾、台布巾、鰹《かつお》出汁を濾《こ》すときなど、大いに代用しています。

そんなに紙を頻繁に使ったら、それこそ環境によくないという考えもありますが、そのキッチンペーパーの原料が間伐材《かんばつざい》（密集する立木を間引く過程で生じる木材）だったら、わたしは迷うことなくこちらを選びます。

使って汚れたら、捨ててすっきり。

もちろん布巾を煮沸消毒するという選択もありますが、現状では手間がかかってやっていられません。考え抜いた末のキッチンペーパーです。

それぞれの選択に理由があります。

比べるよりも、「なるほど、その考えもアリだよね」と考え方をひらりと返してみれば、不思議なくらい気持ちが軽くなります。

いつか生活スタイルや考えが変わって、今まで選ばなかったことが選択肢にあがることもあるはずです。

その時々でフィットする選択をしていけたらいいですね。

来客時は、使うグラスをキッチンペーパーでサッと拭いておきます。細かい繊維の残りや曇りが、きれいにとれます。汚れを拭きとったキッチンペーパーはゴミ箱へ。洗う手間もなくなりラク！

キッチンペーパーホルダーはあえて買わずに、以前使っていた、布巾掛けを有効活用。庭で摘みとったローリエを吊して乾燥させつつ飾りも兼ねます

迷ったときは「そもそも考」

人は日々、迷う生きものです。

今日の献立を考えるとき、着て行く洋服を選ぶとき……。

いったん迷い始めると、なかなか決まらず、予想以上に時間がかかってしまったという経験をお持ちの方も多いのではないでしょうか。

以前のわたしも、迷って多くの時間を無駄にしていたことがありました。それがいやだったので、次第に、先に目的を考えてから行動するようになりました。

最初に「そもそも」を考えると、自ずと選ぶものや行動が決まってきます。

ある日の夕飯だったら、「今日は寒い」↓「温まりたい」↓「生姜を使った温かいメニューにしよう」こんな感じで献立が決まります。

このように、普段の生活で「そもそも」を見つけると、迷う時間が少なくて済みますよね。

名づけて、「そもそも時短術」！（今、勝手に命名）。

献立決めに限らず、「今日のコーディネートをどうするか？」を考えるときにも、この「そもそも」は使えます。

コーディネート選びは楽しいですが、毎日考えるのは、なかなかしんどい作業でもあり、迷いますよね。

「そもそも考」コーディネートでは、まず出かけるときに、今日のメインの目的を考えます。

たとえば「洋服を買いに行く」という用事ならば、試着室に入る可能性が出てきます。ならば靴は、着脱が簡単なほうがいい。

これがヒモ靴だったら、ヒモをほどいたり結んだりするのがめんどうになり、「試着めんどくさいからいいや。これください」なんて言っちゃって、帰宅後「サイズ感が変……もっとちゃんと試着しとけばよかった」なんてことにもなりかねません。

だからそんな日は、靴からコーディネートを考えるのです。

わたしの最近のお気に入り着脱簡単靴は、ヒールがやや低めなデザインのサイドゴアブーツ。

よく履くので、サイドのゴムが緩くなったのも幸いして、脱ぎやすいのです。

靴はこれで決まりました。

そして、このブーツに似合うデニムを持ってきます。少し足元を軽くしたいから数センチ裾を折り上げます。

デニムが細身なので、上半身も細いシルエットだと、なんだか木の棒みたくなってしまうので、少しゆったりしたニットを合わせます。これもまた、着脱しやすいもの。

そして最後に、それに合うコートを羽織って完成です。


この「そもそも考」は、仕事にも使えます。

わたしはモデルの仕事をするときは、香水をつけて出かけません。

なぜかと言うと、スタイリストさんがブランドさんから借りてきた洋服に、においがついてしまうからです。

場合によっては返却できず、買いとらなければならないこともあります。そうなったら大変。迷惑をかけてしまいます。

そもそも今日のわたしの仕事は、自分をよく見せるために香水やアクセサリーで着飾ることではなく、洋服をすてきに見せるために存在することです。

前日に飲みすぎて、顔がぱんぱんにむくんでいても台無しです。飲み会のお誘いは楽しいから行きたくなるけれど、前日はお酒を控えて翌日に備えたい。

お風呂にゆっくり浸かって温まり、風呂上がりはストレッチなどをして早く床につきます。

「そもそも、今、自分ができる一番ベストはなんだろう?」

それを考えることができたら、迷いはいつのまにか消えているはずです。

これを読んだら、みなさんもひとつ、「今日のそもそも」を試してみてはいかがでしょうか。

コーディネートはTPOに合わせて“服”から考えることが多いですが、その日の行動によっては、“靴”から考えることもあります。今日はお座敷で和食の会食なんて日は、脱ぎ履きしやすいものを選びます

40代からの洋服選び

20代の頃は、洋服のブランドや旬なものなど、そればかり気にしていました。

バイトをがんばってお小遣いを増やし、自分の身の丈よりも背伸びしたブランドの服を買って、それに満足して、「このブランド品を着ている自分はおしゃれだ、間違いない」などと悦に入っておりました。


先日、仕事で20代の頃の写真が必要になり、その頃の写真を見ていたら、がんばって買ったはずの服が似合っていなくて愕然としました。

そして変に自信に満ちている顔をつねってやりたい衝動に駆られました。ふふふ、若いねえ（笑）。

まあ、若さって、怖いもの知らず故のよさってものもありますが、当時はその若さの勢いで洋服を選んでいました。

ところが30代になり、子育てが忙しくなったりして、なりふりかまっていられない時期を過ごし、はたと気づけば40代。好みも体型も、20代の頃から比べたら、すっかり様相が変わっていることに気がつきました。

あれれれ？　20代の頃に好きで着ていたボーダーのシャツ、同じように久しぶりに着てみても、ただのおばさんじゃん！

あの頃は、ボーダーにデニムというシンプルな格好でも、サマになっていたはずなのに。ボートネックが好きだったのに、それが似合わない、しっくりこない……。

やはり似合わないというのは、なかなかショックなことです。

肌のくすみや肉のつき方など、つかなくていいものがどんどん勝手についてくる。

でも、悲観ばかりはしていられません。

では、どうしたら似合うのか。

首回りの開きを小さくしたクルーネックにして、淵のパイピング（布端をテープ状の布でくるむこと）部分を白いものに変更してみました。そうすると顔映りが明るくなるんです。

そして、もうひとつ大切なのは、「それ1枚で着ないこと」（あくまで私感ですが）。1枚ではシンプル過ぎて、なんとなく落ち着かないんですよね。

だから、ボーダーはちらりと見せるものとして使います。

となると、やや体にフィットするものにして、ボトムス、そしてアウターを羽織ります。すると、こなれたボーダーの着こなしになります。

たとえば35ページの写真のように、ゆったりとしたアウターを羽織ると、こなれて見えます。

ボーダーが苦手、という方は、無地のトップスでも、もちろんいいと思います。

それからわたしには〝中間服〟というものがあります。

これは、おしゃれして出かけて帰ってきたときの部屋着なんですが、いきなりパジャマじゃ、ちょっとねえ、というときに着る服。つまり、34ページの写真にあるような、家事がしやすくリラックスした動きやすい服です。

なにをどんなふうに着るかによって、サイズ選びも大切になってきます。

シャツを体が泳ぐくらいのふわっとした着方で着たいなら、女性ものよりも、あえて男性用シャツで大きく着る。

パンツも然り。男性用だとウエストがやはり大きいけれど、そこを逆手にとって、ベルトでぎゅうっと締めたら、かわいいシルエットができあがります。

こういうときは、トップスをコンパクトにまとめたらバランスよく見えます。

トップスが大きいサイズだったり、ふんわり大きいシルエットなら、パンツは細めなど、サイズ遊びで自分の「ちょうどいい」を見つけます。

若い人が着るブランドだって同じです。

ブランド、性別を超えたシルエット探し――。

洋服選びの際に自分が勝手に作ってしまった垣根をとり払うと、おもしろいくらいに今の自分にフィットするものが見つかりますよ。

中間服。ワンピース：WONDER FULL LIFE
（左）おでかけ服。コート：Chaos、ボーダー：G.F.G.S. ×香菜子（コラボして作りました。襟ぐりのパイピングを白くするために、G.F.G.S.さんがわざわざ専用の機械を導入してくださいました。感謝です！）、スカート：CHILD WOMAN、ベレー帽：OVERRIDE、バッグ：COS、靴：NUMBER TWENTY-ONE

大人の習い事

子どもの頃は水泳、習字、高校生の頃はヨガを習っていました。

水泳は2歳上の姉に誘われて。習字とヨガは先に習っていた母に誘われて。

思い起こせば、自分から「やりたい」と言ったことがないまま、なんとなく通っていました。

ピアノは姉2人が習っていて、三女のわたしも行きなさいと言われたものの、かたくなに拒み続け、ついに習わずに大人になってしまいました。

おかげで楽器はなにもできず、今になって習っておけばよかったなぁと後悔しきり。

大人になってからそう思うことが徐々に多くなり、一念発起、ギターを習うことにしました。しかも、ボサノヴァギター。

ギターを弾ける人からは、「初心者でいきなりボサノヴァとは無謀すぎる！」と言われていたのですが、ギター界（？）のことさえ、なにも知識がなかったので、ギターを購入。

ここで初めて気づいたのですが、ボサノヴァギターをやるには〝クラッシックギター〟でないといけないらしく、普通の〝アコースティックギター〟よりも、ひと回り大きいのです。弦を抑える指運びも四苦八苦。リズムも裏打ちという難しいリズム。宿題の課題をこなし、いざレッスンのときになると、先生の目線とわたしの必死さで、締めなければいけない脇がどんどん開いて、そればかり注意されて一向に上手くならない……。

そして2人目妊娠で、どんどんお腹が大きくなり、ついにはギターが遠くにしか抱えられず休会（今も休会中。というか、もうギターを売ってしまいました。えへ）。

子どもが小さい頃の習い事は、子どもが熱を出したり、子どもを預けられなかったりなど、自分の都合だけで続けるのが困難になることもあります。

しかし最近は、子育ても少し落ち着き、自分だけの時間が増えてきたので、習い事を再開してみることにしました。

昨年やっていたのはローマ字のお稽古。カリグラフィーに少し似た、ペン先にインクをつけて「自分の書きたいローマ字」を書くというお稽古でした。

先生のお話のおもしろさ、字に対する型にはまらない自由な考え方、そして仕事や家事以外に使う、違う種類の集中力を使うことなど、すべてが毎回新鮮で、のめり込んでいきました。

そのうちに生徒同士も仲よくなり、世代も職業も違う人たちと話す機会も、これまた新鮮でした。

少し年上の方には夫婦円満のコツだったり、年下の美術好きな女の子からは美術館の展示情報などを教えてもらったり、旅先でのおもしろいエピソードを聞いたりと、稽古以外でも得るものがたくさんありました。


半年の稽古が終わりしばらく経つと、またなにか習いたくなり、パーソナルトレーニングで、先生からヒップアップに特化したオリジナルメニューでのトレーニングを受けることに。

とてもセクシーな女性の先生で、美しい動きや仕草のお話も聞けて、むしろトレーニングよりもそちらが楽しみだったりもしました。

大人になってからの習い事は、自分が本当に学びたいと思うことをやるので、自分もそうですが、一緒に習いに来ている人たちも真剣。こちらもいい刺激を受けます。誰からも「やりなさい」と言われず、自分が本当にやりたいことをやるのは、こんなにも真剣になれるものかと自分でも毎回驚きます。

まだまだやりたいことがあるし、毎日が楽しい。
次はなにをしよう、とワクワクしながら過ごしています。
何歳になっても心が動くことに挑戦していきたいです。
大人の習い事、いいものですよ。

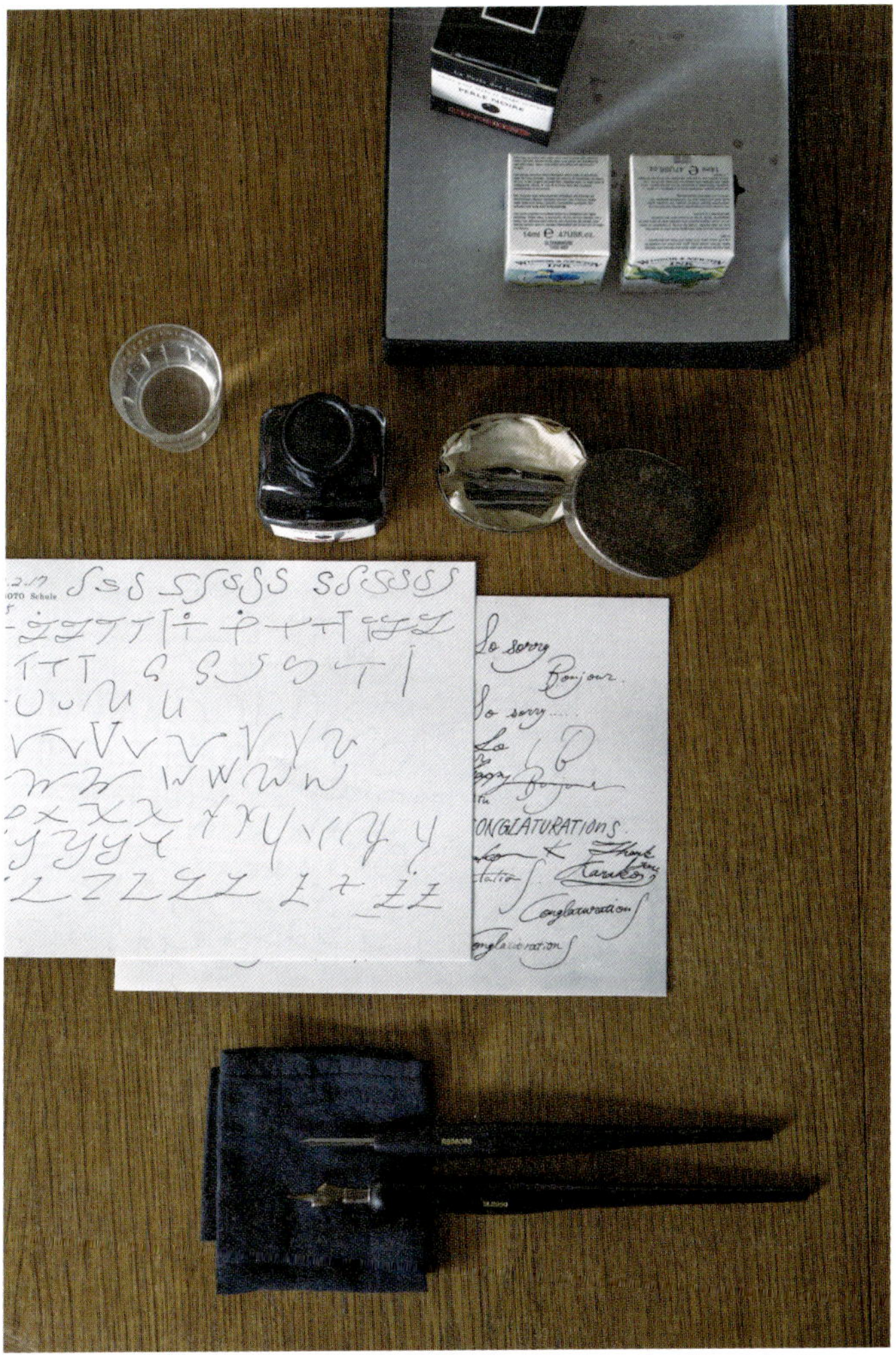

ペン先をペン軸にギュッと押し込んで、ペン先にインクをつけて書きます。理想の字が書けるように何度も練習。インクは基本、黒ですが、慣れてきたらカラーインクをブレンドして好みの色を作ったりも。色が変わると、字も違った印象になるから不思議です

1975年生まれ

わたしは1975年の早生まれ。

生まれた頃はオイルショックで不景気。同年代の人数はとても多く、学校でもクラス数が多い上に、ひとクラス40人以上。「第二次ベビーブーム」と言われている世代です。とにかく同級生の数が多かった。

その環境は当たり前だからなんとも思っていなかったけれど、中学生になり高校受験、大学受験と進んでいくと、同世代の人数が多いので、入れる門は狭くなるばかり。「受験戦争」の世代でもあります。

高校生の頃は、少し先輩の人たちが「女子大生ブーム」でもてはやされているのを指をくわえながら見つめ、自分たちが大学生になったら、あんなふうにもてはやされるんだ、早く大学生になりたいなあ、なんて妄想を膨らませまくりで挑んだ大学受験。

狭き門をパスしてみたら、あらら？　今度は「女子高生ブーム」になってる！　ブームが下に行ってしまったよ。とほほ……。

大学生の頃は、まだほんの少しバブルの香りが残っていたので、その残り香で景気のよさをほんのり楽しませてもらいましたが、いざ、就職活動開始となったらバブル……はじけてどこかへ行っちゃった。

我々の世代は「貧乏くじ世代」なんて言われているとか、いないとか……。

社会人になってからは、先輩たちが散らかしまくったバブルのゴミを拾いながら片づけ。不憫です……。

大人になってから同じ歳の人に会うと、どの人に対しても勝手に、心の中で「同士だ」、と思っています。

ずっとブームに乗れずに終わった青春時代。だからでしょうか。

この世代って、なにかにすごく期待をしているわけでもなく、自分の置かれたところでコツコツと、静かにがんばってきた人たちが多い気がします。

がんばれるのは、上の世代の人たちが「がんばれば、がんばっただけ報われる、いい思いだってできる」と、資本主義の王道を闊歩《かっぽ》していたのを、どこかで楽しそうだなあと感じていたから。

今の若い人たちの「がんばっても報われないんじゃ、そうしてもしょうがないじゃん」とは違う。

資本主義がもう立ち行かなくなっているのを目の当たりにしていたら、若い人たちの意見は、それはそれで至極まっとうだと思います。

ものを持たないですよね、今の若い人たちは。

で、わたしはどうかと言うと、「物欲ばんざい！」なところがありまして（おいおい、って話なんですが）。

でも、バブルを経験していないから、欲しいものをなんとか手に入れようとしても全部は難しい。でも欲しい……。その間で揺れ動いていたから、

「（買え）ないなら、今あるもの（または買えるもの）で工夫しよう。

そして、いつかあれを手に入れるために、似合う自分になるように努力しよう」

いつのまにか、そんな考え方をするようになっていました。

どこかに、いい意味で諦めていない部分があって、でも現実もしっかり見据えられている……。


現に今は、子育て真っ最中の人もたくさんいらっしゃるでしょうし、これから始まるであろう親の介護の心配もあります。

人生100年時代、さあ、これからどうしようか……。


攻略すべき場面はいっぱいあるし、Bダッシュ（※ファミコンのマリオ世代ならわかっていただけますかね？）も年齢を重ねてきたから使えなくなってきたけれど、いろんなブームの楽しそうな場面を思い出しながら、わたしたちはがんばれると思うのです。

さあ、これからですよ！

※コントローラーのBボタンを押すことで、通常よりも速いダッシュ状態で移動できる。

右側の写真の右上は、6カ月頃の写真。右下は母と。左上は6日早く生まれた、いとこと。左下は2番目の姉と。わたしは4人きょうだいで、上に姉が2人、下に弟がいます。左側の写真にあるように、姉2人とは、よく一緒に写真を撮ってもらいました

let's

2章

ひとりの時間

子どもが大きくなったので、以前よりもひとりで過ごす時間が多くなりました。
今まで常にまとわりついていた子どもの手が離れて、
「あれ？ こんなにラクでいいんだっけ？」と、急に慣れない生活リズムに初めは戸惑いましたが、
慣れてくると、ひとりの身軽さを楽しむと同時に、自分を見つめる時間も増えました。
ひとり時間を充実させることで、
自分の大切にしたいことがはっきりしてくる気がします。

最近は、家族が出払ったあと、エクササイズチューブを使ってストレッチ

伸びしろあります

最近、ひとり時間にしているマイブームと言えば「ラジオ体操」です。

なにを今さら……と思った、そこのアナタ、ぜひやってみて欲しいです。

ラジオ体操と言えば、「小学生の頃、体育の準備運動や夏休みの早朝にやった」など、以前に経験したことがある方も多いのではないでしょうか。

当時は、体もすいすい動いていたはずです。

ところが、かなり久しぶりにやってみると、どうでしょう?

それはもう、自分の体の動かなさに愕然とするのです。現に、わたしがそうでした。

腰を反らしては「イタタ……」。首を回しては「イタタ……」。

己の体のポンコツさに「そんなはずはない」と気づかぬフリをしてしまったほど。

頭の中には、体が最も動いていた当時の記憶が残っているので、現実の自分の体の動きとのギャップに、脳が誤作動(?)してしまっているんじゃないかと思います。

40代は「体力や気力が衰えていく年代」と言われます。

わたしも最近、体力の衰えを身に染みて感じるようになりました。

正直なところ、「いつも使っていた階段がつらくなってきた」「ちょっと走っただけで、すぐ息切れする」などの自覚症状があります。

何年か前、娘が通う小学校で、運動会の保護者リレーに出場したときもそうでした。

小学校時代、わたしは足が速かったので、当時はリレーの選手を任されたりと、走りには自信がありました。

そこで保護者リレーに自ら手を挙げて出場したのですが、いざ走ってみると、脳内では3メートルほど先を走っているつもりが、実際はイメージしていた位置からずっと後ろを走っていました。

とある、がんばりすぎたお父さんは、かわいそうに肉離れをおこしていました。

気持ちはわかります。しかし、あぶないですからね。無理は禁物です。

きっと、わたしと同年代の保護者の方々は、そのとき同じように感じていたに違いありません。

体力維持のためにも、たまには運動しなくては……と、ウォーキングやランニング、ストレッチや軽めの筋トレなどをやってはいるものの、こうした動きは自分が動きやすいものになってしまいがち。

そこで、ある日ふと始めたのが、ラジオ体操でした。

好きな時間にやりたいので、ＹｏｕＴｕｂｅでラジオ体操を流しながらやってみたら、これがもう、思っていた以上に体が動かない……。

でも「イテテ……」と言いながら動く姿を、さすがに家族には見られたくないので、自分がひとり家にいるときに、リビングでこっそりとやっています。

ラジオ体操の動きって、とてもよくできていて、体の怠けている部分に気づくきっかけを与えてくれます。

普段あまり動かさない脇の下や太ももの後ろ、背中などのストレッチができて、すばらしい運動だなと改めて思います。

ちなみに動画で動きを確認したら、小学校時代に先生が教えてくれた動きが、実はあまりにもスローだったことも判明（部分的ですが）。ずっとスタンダードだと思っていました。

「うわ～この動きって、こんなにシュッと動くんだ。テンポが合わない～」

「先生、あの動きは違ってましたよ（笑）」

なんて思いつつ、そんなことも楽しみにしながらやっています。

さらに、ラジオ体操を再開したての頃は「イテテ……」な部分が多かったのに、毎日続けてみると、それが徐々に減っていることも判明。

40代でも、まだまだ伸びしろあるんじゃない？

自分で限界を決めてしまったら、そこでストップしてしまうかもしれません。

手軽にできる元気の秘訣「ラジオ体操」、みなさん一緒にがんばりましょう！

朝陽が美しく入るリビング。1日の始まりは、まずは窓を開けて空気の入れ替え。一種のおまじないのようなものかもしれませんが、そうすることによって、1日を気持ちよく過ごせます。ここに置くものは色味をあまり増やさず、統一感が出るように意識しています

とりあえず「よし！」と言う

やってはいるのに、まだまだやることが残っている……。

やらなければいけないことって、毎日毎日、たくさんあって大変ですよね。

とくに夕方は忙しく、焦ったり、イライラしたりすることも度々あるかと思います。

次行のひとつ目の＊印から、次ページの2つ目の＊印までに、わたしの、とある日常の行動と感情を、だだだ〜っと書き出してみました。

＊

仕事が終わります。

さあ、これから夕飯の献立を考えて（いや。仕事しながら、なんとなく今日の夕飯の献立はアタリをつけているのだけれど）、食材を買いに行き、スーパーからの帰り道に「ああ、このスーパーの上に住んでいたらなんていいんだろう……。すぐに夕飯の支度にとりかかれるのになあ」なんて思いながら急ぎ足で家に向かう。

玄関先に着いたものの、両手がふさがっているので家の鍵を出すのもおっくう。

やっとの思いで鍵を出し、靴を脱ごうとしたら、今日はコンバースのハイカットを履いているじゃあありませんか！（は〜〜〜っ）「スリッポンにしておけばよかった……」なんてブツブツ言いながら。

と、その前に、袋に入れてあるとは言え、食材を床の上に置きたくないわたしはマッハで靴を脱ぐ。「食材を床に置いていい時間は20秒まで！」なんて小学生男子みたいな自分ルールに勝手に苦しむという（笑）。自分ってバカだな〜。

手洗いうがいを済ませ、食材を冷蔵庫に詰めていく。

一度ここで、一呼吸。

寒い日は温かいお茶を（夏の暑い日は、とりあえずビール！もいいけれど）。

この時間によって、自分の中で家事スイッチモード、オン！になるのです。

今日の献立は、これとあれと……。

あ、いただきものの漬物があったな（うひひ、1品稼げた）。

とりあえず、お米を研いじゃおう。水に浸している間に洗濯物をとり込んで……。

「今日やることパズル」のピースをぱんっ！　ぱんっ！　と頭の中ではめ込んでいきながら、夜まで続くそのパズルゲームに、しばし気が遠くなります。

気が遠くなるけど、やればできる子、わたし。

今までも、できてたの。大丈夫、できるわ！

ぎゅむ〜っと「わたしならできる、大丈夫！」の気持ちを集めて、最後に「よし！」って言います。そして、1日の後半の家事やら雑務やらをこなしていくのです。

★

それの繰り返し。

この、ひとりで乗り切らなければならない、ぐるぐるした行動と感情……。

そして思うのです。「や〜めた！」って言いたい。

これを読んでくださっているみなさん、なにかしらの形で共感していただけるのではないかと思います。

子育て真っ最中の方、今年ＰＴＡを引き受けてしまった方、仕事で責任が増えた方……、やらなければならないことがさらにあって、もっと大変ですよね。

実際にやめてみたい、逃げ出したいってこともあるでしょう。

でも、実際に「や〜めた！」となることって……実は、ほぼない。

街を行き交う人はみんな、何食わぬ顔をして歩いているように見えますが、実は、個人個人でいろいろとあるんですよね。それでも日常は続いていく……。

こんな「やめたいけど、やめない。結局、誰かがやらないと、終わらない」ことを、それぞれの人がやっているのです。


だから、とりあえず「よし！」なんです。

この2文字の中には「嫌だなあ」という感情と、「でも、わたしがやったら誰かが助かるよね、がんばっているんだから、どこかで自分にご褒美を入れたらいいじゃない。いひひ」などが入っています。

「よ」の中にはネガティブな感情、「し」の中にはポジティブな感情があって、「よし」は2つの感情で構成されている、そんなイメージです。

どうです？　やめたくなったとき「よし！」と言ってみませんか？

買いものはいつも足早に。帰宅後は、リビングの時計をチラチラ気にしながら、時間とにらめっこしています

残りものサンド

料理は好きなほうです。家族と食べる夕飯は、いちおうがんばりますが、ひとりで食べるわたしだけのお昼ごはんは手抜きして、食パンにありあわせのなにかをトッピングした簡単&時短料理で済ませることが多いです。


昨日の夕飯でアジフライが1枚余った。

今朝の朝食で食パンが2枚余っている……。

そんな日の簡単、わたしだけのお昼ごはんは、アジフライトースト。

トースト2枚の間にアジフライをドーンと挟んで、以上！　な男前サンドも好きですが、この状況で、よりおいしくベストな状態に持っていきたい欲がむくむくと沸き上がり、冷蔵庫を物色したのち、マヨネーズ、柚子胡椒で、ピリッとマヨ。

アジフライは魚焼きグリルで軽く炙り、ソースを表裏に浸す。

レタスを2枚ちぎって、あらかじめトーストしたパンにこれらをすべてのせたら、残りものアジフライトーストのできあがり。

アジフライの代わりに、コロッケ（多めソースでしっかり味つけが最高）も、おすすめです。

またある日は、半熟目玉焼きのせオープンサンド。

このときのポイントは、多めのオリーブオイルで目玉焼きを作り、塩を少し多めに。これをトーストした食パンの上にのせると、塩とオリーブオイルがパンに染み込んで、じゅわあ～っと口福《こうふく》（口の中が幸せ！）。とろとろの黄身もたまりません。

お好みで、食べる直前に、ブラックペッパーをガリガリ多めに挽くのもおすすめです。

また別のある日のこと。息子が部活でお弁当が必要だと言うので、おにぎりを。

ツナマヨ好きなので、ツナマヨはおにぎりの中身、登場頻度ナンバーワン。

しかし、いつも微妙な量が余ります……。

そんな日の自分用お昼ごはんには、またまたお楽しみサンドイッチ。

冷蔵庫にアボカドがあったので、ツナマヨにカレー粉をプラスして、アボカドツナマヨサンドカレー風味。レタスも余っていたら、それもプラス。

ワイン晩酌《ばんしゃく》をした翌日だったら、おつまみで残ったカマンベールチーズを、手で適当にちぎって食パンの上に。ドライイチヂクも同様に。トースターでチーズが軽く溶けるまで焼いてから、はちみつひとかけ。黒胡椒をガリガリ挽いて、食べる直前に胡桃もあることを思い出し、砕いてぱらり。あ、これワインのお供だわ……！

夜中に突然、小豆を煮たくなります。おしるこ、あんみつなど、ひととおり堪能してから、しかも堪能中にどんどん水分が飛んでいくので、最後はそれをあんこサンドに。ちょっぴり罪悪感があるけれど、バターの厚切りを挟むのも忘れちゃいけない。甘いもの＋高カロリーなものっておいしい。悔しいけど、おいしいです。

水分を飛ばす系と言えば、もうひとつ。

昨晩残ったカレーを煮詰めて水分を飛ばし、トーストした食パン（なるべく薄め）に具をのせて、半分に折って、中身が出ないように縁を指でぎゅ、ぎゅっとプレス。すると、簡単カレーパンのできあがり。


お昼に残りものサンドを作りたいがために、夕飯を少し残す説もなきにしもあらず。わざわざ材料を買ってきて、先に紹介したサンドメニューを作ることはなく、そして人様に出すこともない。

おかしな組み合わせだって、製作・試食・責任すべて自分だから、これでいいのだ。

自分が食べるからテキトーに。

もし不味くても、まあ、いいかと思えるので（笑）。

レタス＋卵焼き＋アボカド＋ツナマヨカレー風味トースト。
カレー味をプラスすると、味が単調にならずおいしい！

残りものアジフライトースト。
ソースをたっぷり染みこませるのが好みです

カマンベールチーズ＋ドライイチジク＋はちみつ＋黒胡椒＋胡桃トースト。
コーヒーにも合うし、ワインにも合います

あんバタートースト。食パンにこしあんを塗り、バターを5mm幅にカットしてのせる。焼かずにパクリ。バターの塩気と、あんの甘さがベストマッチ！

つくりおきコーディネート

朝、どうしても着て行く洋服が決まらないことがあります。

疲れているときは服なんてどうでもいい。めんどくさい、許されるなら（絶対に許されないけど）裸で出かけたい……なんて本気で（！）思ってしまうことだってあります（さすがにやりませんが）。


服に向かう気持ちは、その日の自分のコンディションのバロメーターであったりします。それでも仕事に行かねばならないし、夕飯の買い出しに行かねばならないし、玄関を出るためには一定の「服エネルギー」を維持しなければなりません。

そこで、時間があるときに、服の〝コーディネートのつくりおき〟をしておきます。

料理のお惣菜のつくりおきみたいなものです。いざとなったらサッと出せる強い味方です。

たとえば、わたし自身の生活パターンを考えると、モデルの撮影があるときは、ヘアメイクさんがお化粧と髪の毛をやってくれるので、わりと気が抜けた格好でもOK。基本的には、脱ぎ着しやすい服を選びます。

イラストなどの仕事の打ち合わせがあるときは、少しかしこまった格好。

友人とごはんを食べに行くときはカジュアルなスタイルなど、それぞれのパターンをまず出してみます。

いくつかパターンが出せたら、今度は時間のあるときに、鏡の前でひとりファッションショーです。

これ、家族がいたらちょっぴり恥ずかしいので、ひとりのときにこっそりやってみてください。

「普段はこの組み合わせはしないな」とか、「思い切ってイメチェンメンバーとして買ったこの服、なかなか袖を通していない」なんて服があれば、どんどん試してみるのです。

もし雑誌で見て気になっているコーディネートの切り抜きなんかがあったら、それをそのまま真似してみたり、いつか映画であの女優さんがやっていたコーディネートを真似してみよう、なんていうのもいいですね。

ひとりだから人目を気にする必要もありません。誰も笑う人がいないので、とにかくどんどんやってみましょう。

そして、ときどきツッコミを入れてみたりして。ひとりツッコミしながらの、ひとりファッションショー、楽しいですよ。

以前、ブルーのノースリーブワンピの下に白いブラウスを試しに着て、鏡の前に立ってみたら……。

なんだろう？　これ、どこかで見たことあるよ？

なんかおかしい。えーと、あれだ、修道女みたい！

でも、これもありかも？

なんてことがありました。

大丈夫。だーれも見てません。とにかく好き勝手やってみるのです。

服がどんどん散乱してきますが、これはもうあとでゆっくり畳めばいいのです。

散らかっちゃうなあ、片づけがめんどう……ということからも、いったん自分を解放してみましょう。


ついでに「これはこの先、頻繁に着るもの」「これはフリマ行き」というのも、ファッションショーを終える頃には見えてきます。

服をいったんクローゼットからあれこれ出してみると、こうして服の整理ができるという「おまけ」もついてきちゃうのです。

難しいことは抜きにして、気軽に〝つくりおきコーディネート〟、いかがでしょう?

【友人と会う日】　ジャケット：FLW、Tシャツ：THIBAULT VAN DER STRAETE、パンツ：STAMP AND DIARY、バッグ：不明、靴：trippen、靴下：Tabio

【撮影の日】　ニット：d'un a dix、スカート：USED＋ZUCCaのつけプリーツ、バッグ：HERMÈS、靴：Reebok

【打ち合わせの日】 ブラウス：Johnbull 、パンツ：Johnbull 、バッグ：COMME des GARÇONS、靴：Pertini

ひとりワンデイトリップ

仕事がお勤めではなくフリーランスなので、平日に、ぽっかり予定が空くことがあります。

空きが前もってわかっている場合もあれば、打ち合わせなど相手がある予定が突然、先方の何らかの都合で「日程変更お願いします」なんてことも……。

とにかく平日1日、ぽっかり自由な日ができたとなると、わたしはワンデイトリップをします。

住んでいるところが東京なので、そこから日帰りできるところ。横浜か箱根。

せっかく行くなら泊まりたいところですが、家族の夕飯の支度や、翌日は仕事がある……。もろもろ考えると、「えーい、めんどくさい。とにかく今日1日をめいっぱい楽しむ！」と決めちゃうのです。

車で行ってもいいのですが、旅となるとビールとか飲みたくなっちゃう。

だから、とことん解放気分を味わいたくて、やっぱり気軽に電車にします。


たとえば横浜コースだと、目指すは、中華街。

朝に着いて、お粥屋さんで軽めの朝ごはん。

そのあとプラプラ雑貨屋さんや食材屋さんを見てから、足裏マッサージで軽く悲鳴を上げて（でも終わったらスッキリ！）、手相占いをしてもらって、大好きな行きつけの中華屋さんでお昼に水餃子とビール。

山下公園で海を見ながら散歩して、すぐ近くにある歴史あるホテルニューグランドでコーヒータイム。ここは建物が西洋風でかっこいいので、ほかのお客様の邪魔にならない程度に館内散策も楽しみます。

夕方、少し早めの時間に横浜を出て、帰りに夕飯の食材を買って帰宅。

そして家族と、いつもの時間に夕飯を食べる。

家族にとっては、いつもと変わらない日常。

その一方で、わたしは秘密裏（？）に、つるんとリフレッシュしている。

このなんとも言えない達成感。さらには、なんというか優越感も得られます。

もちろん、普段のお休みの日にするワンデイトリップもおすすめです。

そこで重要なのが、前もってプランを練っておくこと。

「いつか旅に行きたい。どこかに行きたい」と、漠然と思っているより、〝自分の家から1日で行って帰ってこられる場所〟という大枠を決めると、俄然、リアリティとやる気が出てきます。


誰かと一緒だと、予定を合わせたり、当日に相手の体調が優れなくてとりやめになった……なんてこともあるので、あくまで自分第一主義にしましょう！

自分が「よし、行こう！」となったとき、気持ちが冷めないうちに、すぐに行動に移せるように。

たとえば車だったら往路で1時間？　少し延ばして2時間まではOKにする？

電車だったら大きなターミナル駅は人混みがいやだから、それを避けたルートにする？

建築が好きなら、そこを中心に旅程を考える？

あの土地の名物をどうしても食べたい！　でも、その店は昼時は行列ができるから、昼のピーク時はやめて遅めに行くようにする？　そうしたら朝早く出て、どこかでゆっくり朝ごはんを食べて、少し観光できるぞ、とか。

ここは外せない、でもこれは避けたい、本当にわがまま勝手プランで、そんな旅のしおりをいくつか作っておき、いつでも出かけられるようにしておいたら、日常のちょっとしたイライラも、「この先の楽しいこと」があるから、かるーく乗り越えられちゃうはず！

おっと！　予算もあるから、今から旅貯金もね。

横浜中華街に来たら、おやつは「中華菜館同發（どうはつ）」。香港ミルクティー、今日は飲めた！　なぜか、メニューにあるときと、ないときがある。シェフの気まぐれ？

中華街のお店「山東」に寄って、ランチタイムにひとりで水餃子とビール。年々おばさん化よりも、おっさん化している気がする。ココナッツ入りのタレがたまりません

HOTEL NEW GRANDでコーヒーブレイク。315室はマッカーサー元師が滞在し、マッカーサーズスウィートと呼ばれているそう。お茶の時間だけでも、ホスピタリティあふれる接客に居心地のよさを感じます

旅行先の箱根や浅草橋で買ったガラス細工。左から順に、らくだ、バンビ大小、スワン、ゾウ。

旅の準備（飛行機編）

飛行機に乗るのが好きです。

初めて飛行機に乗ったのは16歳の頃。いとこと一緒に行ったタイが、初めての海外旅行でした。

それ以来いろんな国へ行き、大学の卒業旅行でヨーロッパ、仕事で再びタイへ。短期留学でカナダ、友人との旅行でアメリカ、家族旅行で、またヨーロッパやアジアなど。旅行での失敗体験や楽しい体験を通して、わたしの旅行スキルもずいぶん上がったような気がします。

最近では、姉がフランスの方と結婚してパリに住んでいるのと、高校時代の友人がロンドンに住んでいるというのもあって、旅と言えば、もっぱらそちらへ。

ヨーロッパへのフライトとなると、必然的に10時間近く、国によってはそれ以上の長い時間を飛行機の中で過ごすことになります。

この飛行機の中で、いかに快適に過ごすかが、このところのわたしの楽しみです。自分の座席が個人部屋のようになる上に、飲みものや食べものはCAさんが運んでくれるという状況……（普段、家にいたらありえない、こんなこと！）。

それだけでもすでに快適なのですが、さらに自分でもできる快適な空間作りのために、飛行機に乗る数日前から準備を始めます。

まずは、パスポートの期限確認とチケットの手配は抜かりなく。

次に、機内持ち込みのバックをなににするか決めます。

わたしは、もっぱらリュックサック（詳細は86〜87ページ参照）。それから貴重品が入ったポシェット。

空港に行くときは、スーツケースを引っ張りながら、背中にはリュックサックに斜めがけにしたポシェットという出で立ち。

とりあえず空港に着いたら、いの一番にチェックインして、スーツケースを預けて身軽になります。

行き先が海外だと、2時間前には空港に着いているので、すぐにチェックインして、税関に入る前に軽く食事を楽しみます。

半端な時間だったら、カフェでお茶をしながら時間をつぶします。


ポシェットには、お財布とパスポート、携帯電話、ハンカチや口紅を入れています。口紅は、食事のあとにサッとお化粧直しをするため。一番大切なものかつ、すぐにとりだしたいものは、ポシェットの中へ入れておくと便利です。

時間がまだあるなら本屋へ。行きと帰りの往復で読み切れる分量の本を買います。もちろん家から持って行ってもOK。その本はリュックの荷物の一番上へ。


そして、いざ、税関へ。こちらは、いまだにドキドキします。

金属探知機に入る前に、ポシェットの中身をすばやくカゴにポイポイ。リュックもカゴに入れて、コートもカゴへ。

金属探知機を通過できたら、パスポートチェック。

晴れてそこで自由の身。飛行機に乗るまでゆったり過ごします。

そして搭乗。

自分の座席に着いたら、リュックの中身で一番上に入っている本をとりだし、その下に入れた化粧ポーチもとりだしたら、座席ネットに入れます。

そして、機内で使うルームシューズなどを入れた手提げ袋を、とりやすいように足元や座席ネットなど、手の届く範囲に置きます。

リュック、コートなどは、頭上の荷物置きにイン。

ポシェットには貴重品が入っているので、斜めがけしたまま席に着きます。

飛行機が飛び立ち、機内食も終わり、そろそろ機内が暗くなるタイミングで、化粧ポーチに入れた歯磨きセットで口をさっぱり。メーク落としシートで化粧も落とし、保湿したらマスクをしておやすみなさい。途中で目が覚めたら読書など。

手元に必要なものが揃っている状態は、とても快適な空の旅になること間違いなしですよ！

わたしの海外旅行3点セット。スーツケース、機内持ち込み用のリュックとポシェット。スーツケース：RIMOWA。リュック：MYSTERY RANCH。ポシェット：REN

リュックに入れているもの。手提げ袋(のどスプレー、のど飴、風邪薬や目薬を入れた白いポーチ、マスク、黒のネックピロー、写真右下のルームシューズ)。写真右上のグレーの化粧ポーチ(ハンドクリーム、リップ、歯磨きセット、メイク落としシートなど)

3章

体と心の管理

16年のブランクを経てモデルの仕事を再開してから、
若い頃より精神と肉体、両方のバランスをとることの大切さを感じるようになりました。
心が弱っているときは、体調を崩しやすいですし、
体が疲れているときは、たわいのないことでも心が傷つきやすかったりします。
日頃から、体調管理には気をつけて、できるだけストレスを溜めないように、意識して過ごしています。

「風邪をひきそう」に敏感になる

「風邪ひいたかも……」

1年に何度かこういう瞬間があります。

よ〜し、このまま2〜3日寝込むかあ。

こんなことができたら、どんなにいいでしょう。できることなら日頃の疲れも一緒に出して、ゆっくりしたいところですが、そうもいかない。

朝食作り、掃除、洗濯物、仕事、献立決め、食材の買い出し、夕飯作り……。

食事は外食や弁当を買ってくるなどなんとかなりますが、ほかは休めば休んだだけ溜まっていく一方です。

ここで、なぞなぞ。

寝込んでいる間に溜まっていくもの、な〜んだ？

それはホコリと洗濯物（あ、仕事もか！）。

わたしはいつも顆粒の漢方薬を2種類持ち歩いていて、ひとつ目はおなじみ葛根湯。これは寒気を感じたときに飲みます。

もうひとつは銀翹散《ぎんしょうさん》。こちらはのどが痛いときに飲みます。

どちらもすぐに飲むことが風邪を短時間で終わらせるポイントだと、漢方の先生に教えてもらいました。だからいつも持ち歩いています。お守りのような存在でもあります。

会った人が「風邪ひいたかも」となったときも、お役に立てればいいな、と渡しています。

気をつけていたのに風邪をひいてしまったときは、絶対に翌日に持ち越したくない。

明日の仕事は絶対に穴を開けられない。

こんなこともしょっちゅう。

そんなときは、家族に宣言。

「わたしは風邪をひきました。各自、夕飯はなんとかしてください。そしてもう寝ます」

そう。いかに早く寝られる環境にするかもポイント。

水分を枕元に用意し、肩甲骨と肩甲骨の間（背中の真ん中）に小さなカイロを貼って布団に入ります。

すると、寝ている間に汗がどんどん出てきます（低音やけどに注意！）。

そして一度着替えて、また寝ます。

すると、だいたい翌朝にはスッキリ。病原体をだしきったな、と感じます。

ちょっと気合勝負！　みたいなところもあるので、多くの人におすすめはできませんが、わたしの場合はだいたいこれで乗り切っています。

風邪はデトックスに絶好のチャンス。

「日頃の疲れや、どうにもならないこと、言葉にできず、ぐっと飲み込んでしまったようなこと。風邪のときは、きっとそんなものを外に出しているんじゃないかなあ」
こんな話を聞いたこともあります。

布団に入り、うとうとしながら、
「お疲れさま、自分。今日はゆっくり休んでいいよ」
脳内では自分の頭をぽんぽん、やさしく撫でているイメージです。

2〜3年に一度、1日では治らず、寝込んでしまうこともありますが、そんなときは各方面に「ごめんなさい」をして、神様からもらった休養だと割り切って、ゆっくり休むことにしています。

風邪をひくということは、案外悪くないのかもしれませんね。

外出時の常備品。マスクは花粉症対策のため。ホッカイロは寒さ対策のため。冬場は腰に貼っていることが多いです

葛根湯入り常備ポーチ。顆粒のスティックは場所をとらず持ち歩きやすい。人にあげてもいいように、顆粒スティックを6本くらい常に持ち歩いています

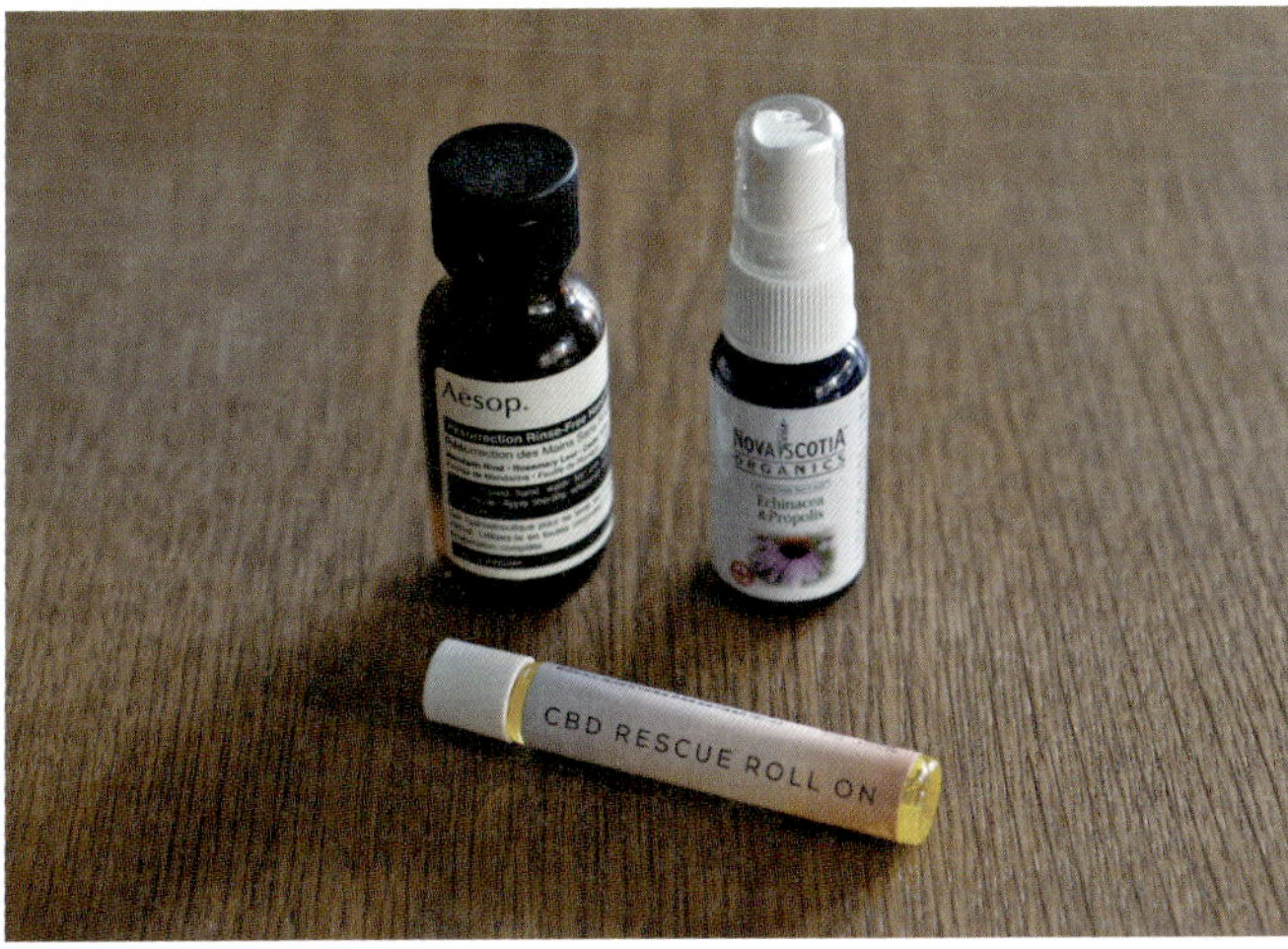

Aésopの、手の消毒用ジェル。NOVA SCOTIAの、のどスプレー。どちらも予防のため。CBD RESCUE ROLL ONの、ミントの香りが爽やかなオイルは、人混みなどで疲れたときに、こめかみや首のつけ根に塗ってリフレッシュ

Pukkaの「Herbs, Night Time Tea」。ラベンダーとライムフラワーの香りが落ち着く。眠る前におすすめ。水筒に入れ、泊まりロケなどに持っていきます

うまくいかないときは、ゆっくり動く

今日は手先が寝ぼけていて、ものをよく落とす。

料理の段取りがなんだかうまくいかない。

スーパーに夕飯の買いものに来てみたものの、献立がまったく決まらず、売り場をうろうろ……。


そんな、いろんな「うまくいかない」ことが重なる日が時々あります。なんででしょうね？

逆に、なんでもちゃっちゃか、おもしろいように物事がうまく運ぶ日もある。

そんな日があるからこそ、なにをやってもうまくいかない日は、自信がなくなってなんだか落ち込みます。

「気持ちを切り替えて」と言いたいところですが、どこかにうまくいかない自分を認めたくない部分があって、やっかい。

目の前にやるべきことがあるなら、なおさらです。

そんなときは、ゆっくり動いてみることにしています。どうせうまくいかないなら開き直ってしまおう、とある日思いついたのです。

たとえば仕事のメールの返信時、キーをいつもの0・8倍速くらいで打つ。その言葉を打っているときは、その言葉に気持ちを寄せる。

送信する前にもう一度ゆっくり読んで、誤字脱字がないか、失礼がないかを確認する。

歩くときもゆっくり。

棚の上に置いてあるラップをとりだすときは、ゆっくり棚の扉を開け、ゆっくり掴んで、ふわりと降ろす。

大根を千切りするなら、ゆっくり包丁を動かして。いつもなら曲がっちゃう切り口もまっすぐになるように輪切りをしたら、きれいに少しずつずらして並べて、等間隔を意識して千切りを作っていきます。

開けたドアは、閉めるときのカチンという音を確認してからドアから離れる。

おやつに食べるピーナッツの殻を、中を潰さないように優しく割る。薄皮をていねいにむく。口に入れる前にきれいにむけたなあ、と感じてみる。

家族の話をひたすら聞いてみる。結論は言わないようにして。

コーヒーを淹れるときは淹れることに集中してみる。お湯は沸騰したてじゃなく、一呼吸置いた、ほんの少し冷めたものをゆっくりドリップしていく。

立ち込める薫りを鼻からゆっくり、たっぷり吸う。

飲んだカップをテーブルに置くときは、コトン、という音さえ聞こえないくらいにていねいに置く。


休みの日だったら、リビングのカーテンをゆっくり外し、洗濯機で洗う。外す、洗う、干すは重労働だけれど、ゆっくりこなしていけば疲れないし、きれいになって気持ちがいいという目に見える効果がある。

このように、いつもだったら「めんどうくさいな」と思うことが、ゆっくりやっていたら、いつのまにか終わっていることがあります。

いつもだったら効率よく、早く終わらせることに意識が向きがちだけれど、あえてゆっくり動いていると、「でも、待てよ? わたし、早く終わらせてどうしたいんだっけ?」という至極シンプルな疑問が湧いてきます。

電車でも、目の前の電車に焦って乗らなくても十分間に合うはずなのに、急いで乗ってしまうとか。

もし1本早い電車に乗れたとしても、もしかしたら誰かを押しのけていることに気づかないかもしれません。

1本ゆったり見送ってホームで余裕を持って電車を待ったら、少し気持ちの余裕ができて、満員電車に乗ったとしてもイライラしなくて済むかもしれません。

効率よくやる、なんて自己満足だけなのかも?

もちろんゆっくりしすぎて人を待たせてはいけないけれど、ゆっくりできるところは、ゆっくりこなしてみませんか? お手軽リフレッシュ法です。

BALMUDA

うまくいかないことが重なったときこそ、ゆっくりていねいにコーヒーを淹れて、カップをていねいに置く。ドリッパーはKINTO。 カップアンドソーサーはARABIA。どちらもデザインが好きです

肌にしていること

朝の肌のケアは、基本的に洗顔をしていません。

肌のきれいな女優さんが、ずっとこのケアをしているというのをテレビで拝見し、以来ずっと続けています。

信頼しているヘアメイクさんも、「夜に洗顔しているから、朝は洗顔しなくても汚れてないから大丈夫！」と言っていました。

夏は、化粧水を含ませたコットンで、ふきとりも兼ねて肌に水分を補給していきます。冬は、その前にホットタオルで顔を覆い、じんわり温めて血色をよくします。

どちらもとても気持ちいいので、「やらなくちゃ」と言うよりも、早くそれをやりたい、と毎朝思っています。

だから、これは朝のお楽しみのひとつです。

このケアを始めると、徐々に体の中のエンジンがかかってきて、ＯＦＦモードからＯＮモードへ気持ちが切り替わるのを感じます（顔も、ね）。

コットンだけでは水分補給がまだ満足しないので、次は、手に化粧水を出し、軽くパッティングをしながら、さらに肌に水分を補給していきます。

ぱんぱん叩いていると、今日も１日がんばるぞ！ という喝入れにもなります。

化粧水のあとは、保湿効果のある乳液（またはオイル）をのせながらマッサージをしていきます。

まず、顔全体に塗ったら首までのばします。そこで鎖骨の上をプッシュ。リンパを流す準備です。

次は、手をグーにして、両人差し指の第二関節を使いながら、頬骨の下を鼻の横から耳のつけ根に向けてグリッと２～３回スライドして刺激します。

耳のつけ根まで来たら、そのまま首から鎖骨まで押しながらスライドします。

これも２～３回。顔のむくみも軽減されてすっきりします。

若い頃だったら、朝の洗顔のあとにリンパマッサージなんてしなくても肌の調子はよかったけれど、年齢とともに、放っておくと、すぐに拗《す》ねるようになってきた自分の肌。

よしよし、とかわいがりながら、肌も自分も機嫌よく。


この一連の動作で、化粧水と乳液（またはオイル）で肌の保湿をしながら、ついでにマッサージもできてしまうので、一石二鳥。

さらには、手にまだ残った化粧水や乳液を、肘や手の甲にも塗って保湿してしまいます。二鳥どころか一石三鳥ですね。

時短と美が同時って、なんだかとっても得したような気持ちになりませんか？


得したところでメイクに入ります。

下地、ファンデーション、アイブロウ、ビューラー、マスカラ、アイシャドウ。

チークは口紅をちょんちょんして伸ばすだけ。そして、そのまま唇に色をのせてできあがり。時間にして10分かかっていないかも？

20代の頃からメイクの手順はほぼ同じですが、40代になった今、気をつけているのは「今年らしさ」を少しとりいれること。

アイシャドウの流行色を自分流にとりいれてみたり、口紅は今の流行のゾーンに少し入りつつ、似合っている色選びも大切だと思っています。なので、デパートなどへ出かけた際に、さりげなくイマドキの色はチェックしています。

とくに眉毛は、今っぽさが一番出る重要な部分だとヘアメイクさんから聞いたことがあります。色、太さ、長さなど、どれかを少し変えるだけで、顔全体の印象が変わって見えるそうです。だからこそ、眉にトレンドをとりいれていないと、時代遅れ感が出てしまうかも……。

雑誌やSNSなどから情報を集めたり、自分に似合うのはどんな眉の形なのかをおさえておくといいかもしれません。

その時その時で年齢とともに課題は変わっていくので、少しずつアップデートしていけたらいいなあ、と思っています。

美容関連のケア用品は洗面台そばの棚に並べて。左から瓶に入れたコットンパフ、綿棒、ラトビアのミツロウクリーム、オリジナルで作ってもらったパフューム、楊枝(歯のすきま掃除に)、ヘアパフューム。化粧水。下段はヘアケア用品など

化粧水や乳液を首までのばしてマッサージ。首をほぐすと、顔色や肌のハリやツヤまでよくなる気がします

紙に書くという作業

40代に入ってから、自分の忘れっぽさをとくに感じます。認めるのは怖いですが、記憶力が低下してきているのかもしれません……。

そこで、近頃は〝紙に書く〟という作業をできる限りしています。

スマートフォンにメモ、という作業も便利なので利用していますが、スケジュール管理は、デジタルだとどうしても気持ちの強弱がつけづらく、大切なことも忘れてしまうのです。

文字に色をつけて、ほかのスケジュールと差別化してみるものの、デジタルだと、やはり心には残りにくいところがあります。フラットというか単調になってしまって、どれが大切だったかを思い出しにくいのです。

アナログなやり方のほうが、しっくりくる最後の世代なんでしょうか……。

スケジュールで「ここは絶対忘れちゃいけない！」という仕事の締め切りや集合時間などは、文字を書いたあとに何重も丸でぐるぐる囲んでみたり、下に波線を引いてみたり。「とにかく忘れちゃいけない！」と、その作業をしながらアタマにしっかり刻み込みます。

すると、やはり手から脳へ送った信号は、しっかり伝達されて残っているのです。

だからわたしは、自分の手と脳みそを信じています。

気持ちを吐き出したいときも、ノートに（誰も見ないという大前提で）書いています。字がぐちゃぐちゃでも、誰かに見せるということはしないので、自分がすっきりすればOK。

気持ちがモヤモヤしたときは、愚痴を誰かに話すこともちろんありますが、「これを話したら、その気持ちに至るまでの経緯も話さなくちゃならないしなあ」とか、「これは単なる自分のわがままだし、解決したくて話すわけでもないし……」など、話すことで、よりめんどうな状況になることも多々あります。

なので、そんなときは、その気持ちが冷めないうちに一気に書く！

冷めちゃったら、それはそれまでのこと。忘れてしまえばいいのです。

しかし、ずっと心にひっかかっていることや、なんでだろう？　ということは、一度書いてみると、ホロリと簡単に答えが見つかってしまうことだってあります。

意外なところから答えが出て、「な〜んだ、そこが根元だったのか！」なんてことも。

冒頭でも書きましたが、最近は忘れっぽいので、なぜイライラしていたのかをすぐに忘れてしまうのですが、似たような問題が出てきたときに、やはり同じポイントでイライラして、の繰り返し……。

だから書いてみるのです。

そこで、自分はここにひっかかっている、ということが見えてきたら儲けもの。

逆に、「ああ、いつかこんなことしたい！」と閃《ひらめ》いたら、それもノートに書いておきます。

しかも、「もしお金のリミットがなかったら」とか、「自由に動ける時間がたくさんあったなら」など、ワクワクする条件を設定。

これはですね、と〜っっっっても楽しいです！

声を大にして言いたい！

誰かに見せる前提ではないから、誰も笑ったりしません。


わたしは思いつくたびに書いていいます。

小さなことでもアホみたく、大きなことでもなんでも！

ある日それらを読み返してみると、「あれ？　これ、叶ってる！」ってことがあったりして驚くこともありますよ。


最近なんだかモヤモヤしている、そんな人におすすめです。

よく使う文具一式。右上から、筆箱。ベージュペン。カッター。外国の古いチケット(かわいいのでメモ帳にしています)。水色のノート(文具店「カキモリ」で作ったオリジナルノート。スケッチ用に使っています)。太い鉛筆(スケッチ用)。左上からPAIDのはんこ。鉛筆削り。ピン。黒の手帳(メモ用に仕事で使用)

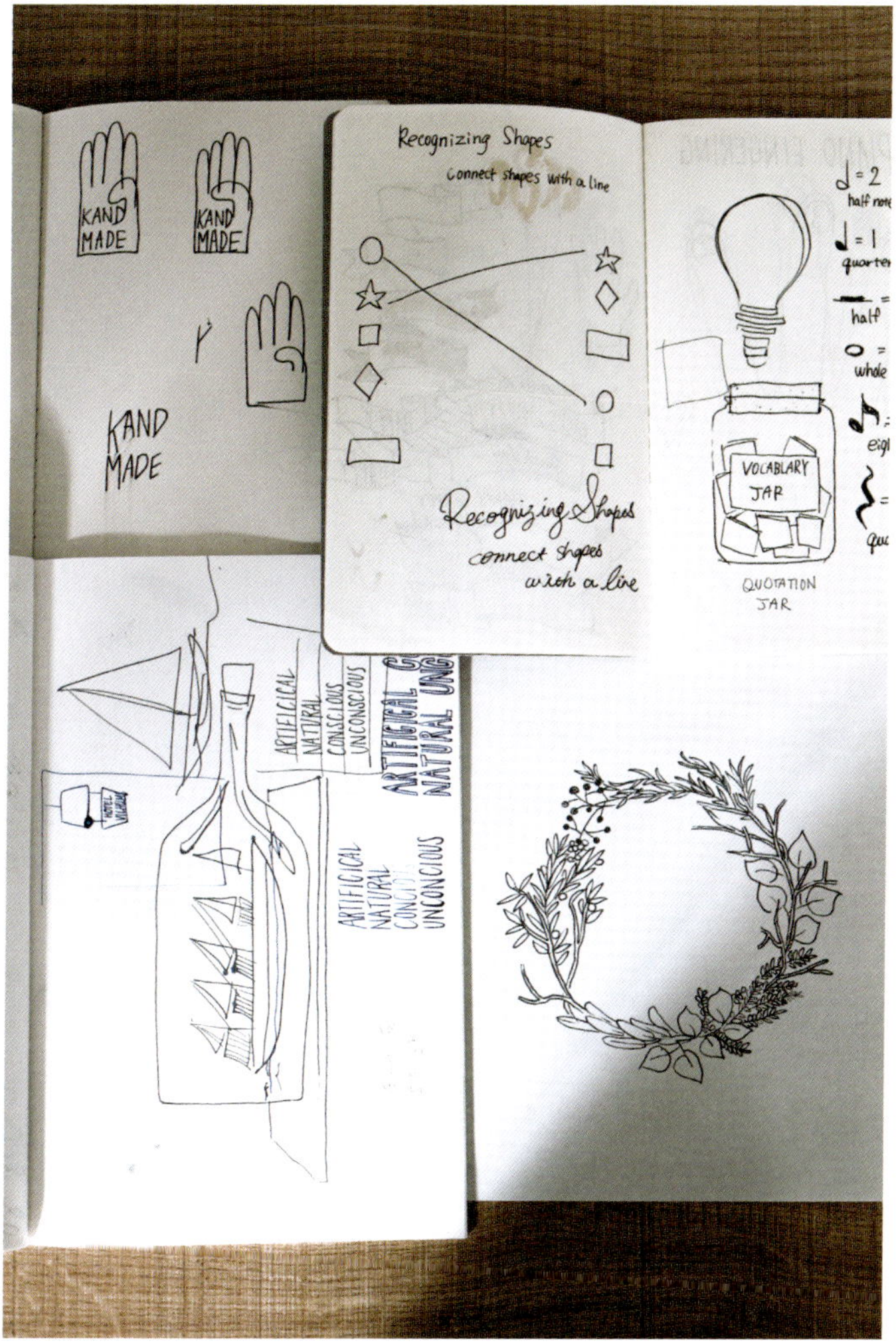

イラストのアイデアも、思いついたらノートに書き留めています。アイデアメモをストックしていて、ここからプロダクトになったものもあります

キッチンのミニ美術館

世の中には、デザイナーさんが考えに考え抜いたかっこいいデザインがたくさんあります。企業のロゴだったり、本の装丁だったり、車のプロダクトデザインだったり。どんなものでも形があるものは、どこかの誰かがデザインしています。


デザインは、感覚的にものを選ぶ判断基準のひとつにもなっています。

たとえば音楽で言うと、このパッケージデザインの雰囲気だったら間違いないだろうと、中の音楽を聴かずにCDやレコードを選ぶ〝ジャケ買い〟がそれです。

最近は、音楽配信ですぐに聴けてしまう機会が多いけれど、昔は、こうした〝勘〟に頼るところも大きかった気がします。

そのぶん中身が想像どおりだったり、それ以上のこともあれば、うれしさもひとしお。

またその逆もあったりしますが、それはもう、日々勉強なわけです。

高校生の頃はイキって制服のままレコードショップに寄って、しゃしゃしゃしゃっとレコードを選ぶ自分に酔いしれていました。

ぱたっと手が止まり、

「むむ!　なんかこのデザイン好き。なんでかわかんないけど好き。〝スカ〟ってジャンルなんだ。よくわからないけど買ってみよう」

これは自分的にアタリでした。

今でも聴きたいのでＣＤで持っています。ずいぶん長いおつきあい。


それから20年たった今も、主に食品ですが、ジャケ買いというのをやっています。

今は、輸入商材が簡単に手に入るうれしい時代。

同じ食品で、値段も成分も同じくらいのものならば、迷わずジャケ（パッケージ）がかっこいいほうを手にとります。

まだ家に在庫があるけど、どうしても、どうしてもこのパッケージを手に入れたい。

そんな思いを抱きながら、スーパーでカゴをひっさげて、日々ジャケのかっこいいほうを探しているのです。

食品を使い終わったら、ラベルをそっとはがします。ゆっ……くりはがすのがコツです（これがまた難しい！）。

まだ粘着力が残っているものは、そのままシンク上の吊り戸棚の側面にペタリ。

友人からもらったお土産のパッケージも、食べ終わったらペタリ。

海外でもらった飴を舐めずに持ち帰り、包まれているその様子を楽しんだあとに舐めて、包み紙をペタリ。

棚の側面なので、普段はあまり視界に入らないのですが、ふいに視界に入ったときに、数秒ですが眺めます。

たった数秒ですが、気に入っているデザインがここにあるだけで自分が好きになる。


日々の忙しい中でも、自分がこれが好きだ、かっこいいと思ったデザインがある。

たったそれだけなのに、なぜかうれしい。

それに、これらのデザインは、どこかのデザイナーさんが考え抜いたもの。それがどんなに小さなものでも。

そして、この小さな芸術品のその裏に、ラフを描き、食品会社のＯＫをもらうためにデザイナーさんが1案、2案、3案くらい出し、ときには全部ボツになってやり直しをしたエピソードがあるかもしれない……。

こんな紆余曲折があって、めでたくパッケージになったかと思うと、これはもう、ひとつひとつにドラマがあるのだなあ、と感慨深い気持ちになります。

小さな世界にも、それぞれに大きなドラマがある。

日々の瑣末《さまつ》ないろいろと重ね合わせてみたりして……。

なんだか話が壮大になってきましたが、わが家のキッチンのミニ美術館は、今日も開館しています。

シールが貼られた吊り戸棚。時々これを見てはニンマリしています。もっと増やしていきたいです

手作りのグラス専用食器棚。透明なガラスの美しさを眺めるのが好きです。棚は額縁の役割を果たしていると言えるかも？

2 時間だけの帰宅拒否

日曜日のある日。買いたかった本を買い、街をプラプラ。休みらしい、いい日でしたが、さて、その次はスーパーに寄って夕飯の買いもの。だけど、なかなかスーパーに足が向かない。気持ちも向かない。そもそもメニューが決まっていないし、外食って気分でもない……。

平日仕事をしているときは、仕事の集中力の余力もまだあり、だだだだーっと勢いで夕飯まで駆け抜けられるのですが、休みの日は、どうしても気持ちがゆるまっているから勢いが出ないのです。エンジンがかからない。キュキュキュキュキュ、ぶるんっ。キュキュキュキュキュ、ぶるんっ。キュ…キュ…キ…ぷすんっ（この表現って昭和の車ですね！）。

みなさんにもそんな経験、おありではないでしょうか。

夕飯の一番の理想は、「ごはんだよ〜」と呼ばれて食卓に着くと、あとは食べるだけの状態。

思えば実家で暮らしていた頃は、毎日がそんな状態でした。

ああ、なんて幸せな日々だったのでしょう。今さらですが「お母さんありがとう」と声を大にして言いたいです。あのときはまったく気づけませんでした。母への感謝の言葉がいくつあっても足りません。

献立を考え、買いものに行き、調理し、できれば温かいものは温かい状態で出す。

おいしく食べてもらいたいし。

でもこれ、すごい労力なんですよね。

夕飯までの長い道のりを考えると、気が遠くなる……。

はあ、やだなあ、夕飯のこと考えるの。食べるのは好きなんですが……。

ふと目線を先にやると喫茶店。ふらふらと吸い込まれるように中へ入り、コーヒーを注文。すすりながら、なんでわたしが毎日やらなくちゃなんないのさ。

と言うか、ほとんどの日本のお母さんがこんな状態じゃないかあ！　と、怒りの矛先がわたしの家族だけでなく、日本中の「お母さんに食卓を託し過ぎている家族」に向かいます。

かつて実家にいた頃は、わたしもそのひとりだったんですけどもね。お恥ずかしや。

人はその立場にならないとわからないこと、たくさんありますよね。

だからって、自分の子どもたちが「おかあさん、大変だね。いっぱいお手伝いするからね。いつもありがとう」って、100％理解してこんな声かけしてくれても気持ち悪いと言うか。

子どもは子どもで、そのときにしかできないことがいっぱいあるし、それに一生懸命に打ち込んで欲しい気持ちもあります（ちょっとは理解して欲しいけど）。

いつかわたしのように親の立場になって「ああ、お母さんはこんな思いで毎日やってくれていたのか」と、気づいてくれればそれでいいのですが、今のこの気持ちのはけ口が欲しい！

だからスマホで「日本の母　がんばり過ぎ」なんて、ワード検索しちゃいます。

ほかにも、同じ立場の友人などに愚痴るという方法もあります。

とりあえず、ひとりでできる手っとり早い方法が、ワード検索。

さて、検索結果はと言うと……。

わたしにとってのベストアンサーは「海外は、もっと夕飯が簡単だったり、ハズバンドが手伝ってくれたりする」だそうですよ、奥様！

人によってベストアンサーは異なると思いますが、同じ悩みを持っている人たちと悩みを共有できると、少し気持ちがラクになります。

「そうだよねー。手伝ってくれないと、ひとりでやらなきゃいけなくて大変だよね」と、わたしの場合はネット検索しながら癒《い》やされています。

そんなこんなで2時間くらい経っていて、結局、夕飯は作るんですけど、「2時間、帰宅拒否してやったぜ！」と、ちょっぴり清々した気分。

積極的におすすめはできませんが、おすすめします。

外を歩いているときに夕日が見える時間になると、家々の明かりが目に入ってきます。すると、夕飯を作っている人や、「ただいまぁ」と帰宅する子どもたちのことが想像されて、温かな気持ちになると同時に、「わたしも早く家に帰ろう」と思うのです

4章 人づきあい

生活していく上で、人とのおつきあいは避けて通れません。

仕事で人と接するときは、たとえ不機嫌なときでも、笑顔でいるように心がけています。

でも、誰にでも、いい顔をしようとすると疲れます。

そこで、家族や友人など、気を許せる人には、いやなわたしも見せていいや、と割り切って、
がまんしすぎないようにしています。

とは言え、ふてぶてしい態度をとっていたり、いやな顔ばかり見せていたら、
さすがに空気が悪くなるので、

「時々」に留めるように気をつけてはいます。

気持ちの手を開いてみる

子どもの頃から気にしいで、友だちを誘って遊びたいのに、「誘って迷惑かけたらどうしよう。すでに予定があるかもしれないし。そうだとしたら、断られて自分が傷つくのはいやだから、誘わないほうがいいいや」と、こんな感じの子どもでした。

今の図々しいおばちゃん化した自分から見たら、もしタイムマシンがあったら、そこへ行って、「おいおい、断られたって、また誘えばいいじゃない。それに相手はなんとも思ってないよ。大丈夫！」って言いたいです。

そんな性格だったので、逆に誘われたら、ほぼ断らずに、「(わあ、誘ってもらっちゃった) うれしいな。もちろん行くよ！」などと言いながら遊んでいたのでした。

もちろん、たまには気が乗らないこともありましたが、せっかく誘ってくれたんだし、と無理して遊んでいたこともありました。

なかなか繊細だったんですよね……。自分で言うのもなんですが。

大人になっても30代くらいまでは、その性格がじゃまをして、お誘いはあまり自分からはせずに、でも誘われたら行く、というスタイルのままいたのですが、やはり一緒にいる人と反りが合わなかったり、巡り合わせが悪いのか、会ったあとにどっと疲れたり、という出来事が続いて疲れてしまったことがありました。

その人に意地悪されたわけでもなく、ケンカしたわけでもないのですが、なぜだか会うと疲れる……。

そんな人、いませんか？

そのたびに、「わたしが悪かったのかな？　なにか別の方法で疲れないようにできるかな？」なんて思いながら、思いつくところは直してみたりしたものの、やはり会うと疲れる……。

ある日、「なんで、そこまで気にしているんだろう?」と自分の行動がバカバカしくなりました。

今の自分には子育て、家事、仕事などやることが盛りだくさん。よくわからないま気持ちが沈むなんて、時間がもったいないや! と吹っ切れたのです。


そうだ、そうだ。

気持ちが上がる楽しい人と会えばいいんだ。

仕事もプライベートも。


もし、その選択をして仕事が減ったとしても、それは自分に必要ないことだ、と思うようにしています。

誘われても、素直に行きたいと思えないなら、自分の本当の気持ちに従ってみたほうがいい。

そこでつきあいが消滅するなら、それまでの話。

無理して作り笑いしながら一緒にいるなんて、自分の時間がもったいない。

顔に、へんな筋肉つけたくない。

そうしているうちに、どんどん周りに好きな人が増えていきました。


変なこだわり。たとえば、会社で嫌われたり仕事を失うということは、とても怖いことかもしれません。

しかし、そうしたこだわりは、その先の自分をすり減らすことになります。

たとえ、そのすり減っていく量が目に見えないほど少しずつでも、いつかは自分が居なくなってしまう……。そっちのほうがよっぽど怖いですよね。

両手を恐怖でギュッと握りしめたままだと、うれしいこと、楽しいことが掴めなくなってしまうかもしれません。


手を柔らかく、少しずつでもいいから、今日からゆっくり開いてみませんか？

それだけで、だいぶラクになれると思います。

自分に無理を強いず、居心地よく暮らす方法というのは、実はとってもシンプルなんですよ。

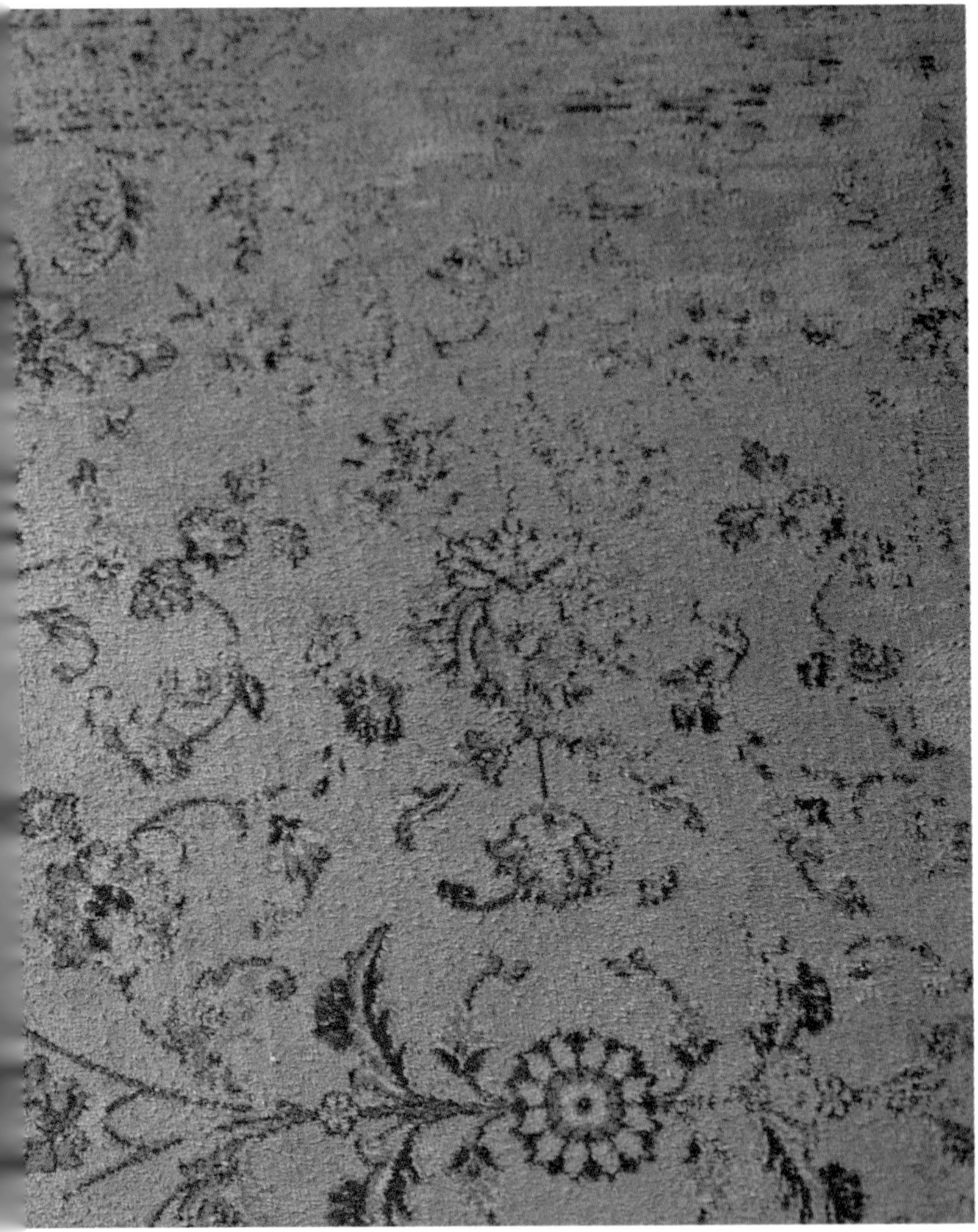

信楽《しがらき》の土が好きで、美大時代から頻繁に使っています。思い立ったら土をこねて形を作り、いくつか作品の数が溜まったら、家にある窯で焼いています。そろそろ新しいものが作りたくてウズウズしています

手作りの天使と聖母マリア。気持ちの手を開いて、自分に素直になれたときだけ、土で作品を作るようにしています。そうすると、いいものができそうな気がして……

できないことは人に頼る

わたしは瓶の蓋を閉めるのが苦手です。調味料の瓶の蓋や、化粧品の瓶の蓋を「しっかり閉める」ように何度注意されても、なかなか直すことができません。

実家にいる頃から、ずっとです。

蓋をしっかり閉める前に、閉めている途中で気持ちが次へ、意識が別のところへ向いてしまうのです……。

と、冷静に自分の行動を書いてはいるものの、そのときは、意識が蓋から早々に離れてしまって、「自分が瓶の蓋を閉め忘れた」という事実なんて、まるでなかったかのような気持ちで次の動作に移行していきます。

それからしばらくして、家族の誰かの「うわあぁっ！」という声で「しまった〜、またやってしまった〜！」と気づくのです（声の主は、蓋の部分を持ち上げたら、蓋がぱかっと開いちゃってこぼして慌てています。ほんとごめんなさい！）。

「ああ〜ごめんね。次からは必ず蓋を閉めるから」

そのときは堅く気持ちを引き締めて。蓋も固く閉めて反省します。

でもね、やっちゃうんです、次も。

なんでかな？　いまだにその理由がわからないので繰り返してしまう……。

ありがたいことに、人から「なんでもそつなくこなすね」なんて、おっしゃっていただく機会が多いのですが、いやいや、わたしはとんでもなくヌケサクです。

スーパーで買った〝さやえんどう〟を冷蔵庫の野菜室に入れたつもりなのに、数日経っても気づかず、「ん？　買ったつもりが買ってなかったのかな？　また買って来なくっちゃ」と再度購入してから、数日経った頃、缶詰を入れる棚から茶色に変色したかわいそうな〝さやえんどう〟を発見！（うひゃー。やってしまった）

そうそう、まだありました。友人が女の子を産んだので、お祝いにイニシャル入りのリネンのハンカチを買って渡そうと思っていたのに、いざ渡そうと思ったら、ない！

どこへしまったのか、どうしても思い出せないのです。

〝大切だから〟という気持ちが強すぎて、なくさないように、と棚の奥へ置いたのが災いして……。

そして、ありました。玄関近くの棚の一番奥に。

見つけたとき、友人の娘ちゃんは、すでに2歳になっていました……。

まあ、今からでもいいのですが、生まれてすぐに渡したかったなぁ。

こんなふうに、いくつかの「どうしてもできないこと」は、この先もたぶんできないと思うので、周りには、できないことをあらかじめ言っておきます。

だって、すでに生まれてから40年以上経っているのだから――。

人には得意・不得意があって、勉強ができる人もいれば、運動神経抜群な人もいる。

社交的な人、おとなしい人。掃除が得意な人、苦手な人。くいしんぼう、少食、まじめ、ふまじめ……。

そんなカテゴリーと同列に、わたしのことも「瓶の蓋がちゃんと閉められず、ものをどこにしまったか忘れがちな人（？・）」に分類していただけたら幸いです……！

なんでもそつなくこなす〝できのいい人〟になれたら、それはよいのでしょうが、「蓋は必ず閉めなければ……」「買った食材は無駄にせず使いきらないと……」など、「～しなければ」「～すべき」に縛られていると、できない自分がしんどくなってきます。

無意識のうちに囚われている「べき」を手放すことで、気持ちがラクになってポジティブになれると思います。

だからわたしの欠けている部分は、それが得意な人に代わってもらって（とは言え、瓶の蓋はいかんともしがたいですが……）、それなりになんとか補い合いながら生きていけばよいのではないでしょうか。「それ、わたしできるからやってあげる。その代わり、これが苦手だからお願い」って声かけあいながら。

そうすると、きっといろんなことがラクチンになるはず。

この際、できないことは誰かに頼んじゃいましょう！　だいぶラクになれますよ。

蓋を閉め忘れてしまったSALT容器。うっかり家族が手にした途端、悲鳴が聞こえる…。この容器は、残念なことに現在廃盤となり入手不可ですが、台形なので安定感があり、とても使いやすいです。ラベルがないものには豆やスパイス、片栗粉や茶葉など入れています。右側の壁に掛かったザルは、料理に使う野菜を入れたり、小さいものにはお菓子を入れたりしています

SALT
BEET SUGAR
Laurier

信頼できる人

日々、いろんな選択があります。

食器洗いの洗剤はどれがいいか。おいしいうどんの麺は、どのメーカーか。

どこのお店に友人と和食を食べに行こうかな？

最近肩こりがひどいんだけれど、いい整体医院はあるかな？……などなど。

わたしたちは毎日毎日、小さいものから大きなものまで、選択しながら過ごしています。


ありとあらゆる情報が手に入りやすい時代に生きていて、便利になったとは言え、

「これ！」を探し出すのは案外難しいものです。

選んだはいいけれど、こっちのほうがよかったんじゃないか……と悩んでしまったり、情報がすぐに手に入ってしまうが故の不幸もあります。

こだわりすぎたり考えすぎたりして、なかなか決められないこともあるでしょう。

そんなときは、わたしの場合、難しく考えずに、まずは自分の〝直感〟を信じて選ぶようにしています。

基準にするのは、たとえば洋服屋さんだったら、店員さんが楽しそうに仕事しているか。お客さんに合ったいいものを一緒に探してくれるか。掃除が行き届いているか。

最近は、そんなところを、いつのまにか見るようになっています。

これも年の功でしょうか。


以前、あるデパートの洋服売り場で、当時中学生だった娘のクリスマスプレゼントを探していたことがありました。そこは洋服以外に、オリジナルの香水やお財布も売っている、わたし自身好きなブランドの売り場でした。

娘に財布を買ってあげようと思いついたわたしは、店員さんに「中学生の娘にプレゼントでお財布を買おうかと思っているんですが……」と、一緒に見てくれませんか？というニュアンスも含みながら尋ねました。

すると、その店員さんは「う〜ん、まだ中学生のお子さんには、このお財布は贅沢かもしれません。下のフロアの姉妹店でしたら、中学生のお子さんにちょうどいいものが見つかるかもしれません。ご案内します」と、お店の場所をていねいに教えてくれたのでした。

結局そこでは、ちょうどいいものが見つかりませんでした。

最初に行ったお店の店員さんに「いいえ、わたしはどうしてもここで財布を買いたいんです！」と踏ん張ってもよかったのですが、なぜか素直に従って、姉妹店へ足を運んでしまいました。

きっとそのとき、店員さんのちゃんと考えてくれている気持ちが伝わってきたからかもしれません。

この人は信頼できる。だからまたあのお店に行こう。そして、あの人から買いたい、という気持ちも芽生えました。

わたしがいつも行っているスーパーにも、何列もあるレジの中に「この人、好きだ」

というベテランおばさんがいます。

レジ打ちが素早い上に、かご詰めがていねい、かつ軽く世間話まで振ってくるという神業おばさんです。

「今日もいた」と見つけては、いそいそ、そのおばさんのいるレジに並びます。

そのレジを通ったあとは、やはり毎回気分がいいので、夕飯を作る気分も上々。

わが家の食卓にまで影響を与えてしまうって、すごい！

あの方から、ずっと食品を買えますように……。


買うものは同じでも、どの人から買うかによって、その日の気分も違いますし、それを使う気分も違ってくると思うのです。


わたしは、信頼している友人や仕事関係の人が勧める「あれ、いいよ」も、大いに利用しています。

〝信頼している〟ということは、「いい」と思う基準が一緒だったりします。

選択するということは、まずは「人」ありきなのかなと思います。

信頼できる人に勧められて購入したもの。下北沢のnon sence というアンティークの店を友人夫婦が営んでいます。北欧のものに見えますが、どれもメイドインジャパンです。買うたびに、その商品ができるまでの歴史や経緯を話してくれるので、それが聞きたくて通っているのかもしれません

街で見かけるニコニコすること

街に出ると、ニコニコしてしまうことによく出会います。

そんな日は、自分に直接関わることでなくても、1日中気分がいいものです。

電車に乗った、ある日。20代くらいの若いカップルが、わたしと同じ車両に乗っていました。

彼らはホームに電車が到着する前に、杖をついた老夫婦がこれから乗ってくることに気づいて、ドアが開いた瞬間には自分たちが座っていた席を立ち、とってもスマートに席を譲っていました。

迷うことなく自然に出たその動きに、わたしは心の中で拍手！

その若者たちに向けて、「今日、あの2人にいいことがいっぱい起きますように！」と念を送っておきました。

さらに勝手に、その2人がカップルだと思っているわたしは、「結婚するといいよ。きっと思いやりのある幸せな家庭が築けるでしょうよ」なんて妄想まで、ぱんぱんに膨らませまくりでした（兄妹ってこともありえますよね……。すみません。おばらゃんの勝手な妄想です）。

あるときスーパーのレジで順番待ちをしていたら、わたしの前で同じく順番待ちをしているおじいさんがいました。

会計を待っているのは、みかん2個のため。待っている間、そのみかんを雪だるまのように積み上げていました。ころんと転がらないように慎重に。

でも、お顔はニコニコ。わたしまでつられてニコニコ。

パン屋に行った日。両手にたくさん荷物を持ったわたしが店のドアを開けようとしたら、帰ろうとしていた小学生ぐらいの男の子が、すっとドアを開けてドアを押さえたまま、わたしがお店に入るのを待っていてくれました。

こんな小さな男の子が！　すでに立派なジェントルマンですね。

「ありがとう！　とっても助かったよ」とお礼を伝え、パンを買いながら、きっとあの子のお父さんとお母さんが、いつも自然にやっているんだなあと思いを馳《は》せました。

また、別の日に電車に乗ったとき。

そこそこ混んでいる車内で隣同士になった、抱っこされた赤ちゃんとお母さん。

赤ちゃんだけが、わたしと目が合ったのですが、合った瞬間、ニコ〜〜〜ッと満面の笑み。お母さんに気づかれず、ひっそり、わたしと赤ちゃんだけがニコニコ・コミュニケーション。

電車を降りてからも、ほこほこ、いい気分。

まだ子どもが小さいと育児が大変でしょうけれど、きっとお母さんが笑っているから、あの赤ちゃんも笑うのでしょうね。

「お母さん、がんばれ〜」と、小さくエールを送りました。

とある日の自宅マンションの掲示板で。

住人のどなたかがハンカチを落としてしまったらしく、それを拾った方がハンカチを磁石で留めて、「エントランスに落ちていました」というメッセージを残されていました。

翌日にはハンカチがなくなっていて、メッセージの隣りに「ありがとうございます」の文字。無事に落とし主のところへ戻ったようでなにより。よかった、よかった。


街に出ると、こんなふうに誰かが誰かを幸せにしたり、困っていることが、すぅーっと解決していたりすることに遭遇します。

そんな場面に立ち会うと、これまたわたしが幸せな気分になれるので、今度はわたしが誰かのために、なにかをしたくなってしまいます。

こんな連鎖が毎日どこかで広がっているなんて考えるだけでも、なんだか自然とニコニコしてしまいます。

もし出かける予定があるときは、あなたも「ニコニコすること」を見つけてみてはいかがでしょうか?

きっと心がほっこりと温まると思います。

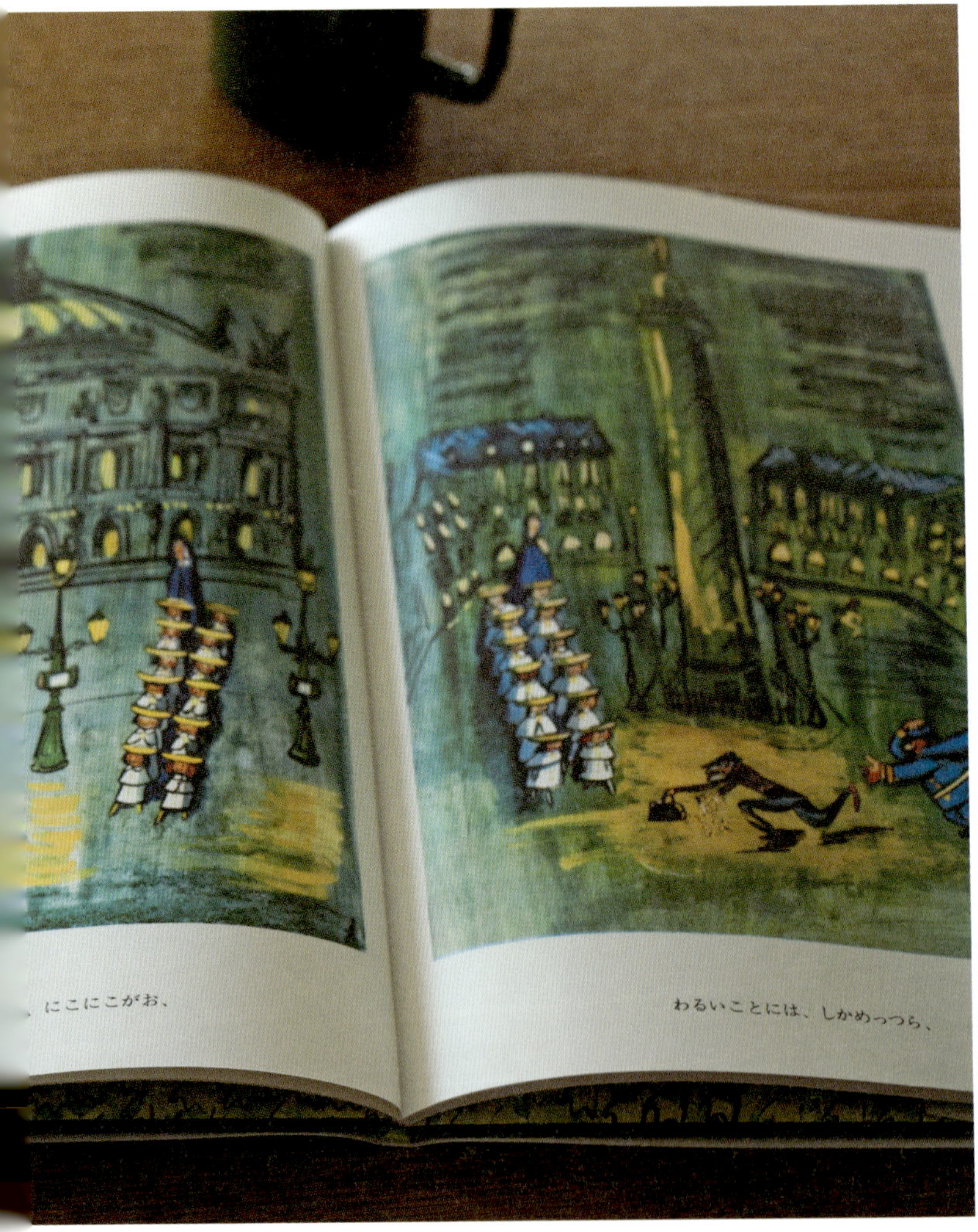
にこにこがお、
わるいことには、しかめっつら、

「いいこと　みれば、にこにこがお」。幼い頃に読んだこの1節が、ずっと記憶に残っています。保育園のクリスマス会のときに毎年1冊、先生から本をプレゼントされていました。この本も、そのうちの1冊。『げんきなマドレーヌ』ルドウィッヒ・ベーメルマンス（作・画）、瀬田貞二（訳）、福音館書店

いただいておいてなんですが…

粗品、景品、いただきものって、世の中たくさんありますよね。

銀行で口座を作れば粗品をいただいたり、商店街の福引の景品や年始の挨拶の品。

ありがたいこともあれば、あの、そんなにこれ、ありがたくないです（ごにょごによ……）ってものも、ねえ。

なかには、ねえ、ありますよ、ね？（読者の方に激しく同意を求めたりして、自分の負担を軽減！）

エコバックは、もう売るほど家にありますし（もう、ここまでくるとエコじゃないって話ですよ……）、カレンダーを貼る部屋数以上のカレンダーは無駄になってしまいます。

ああ、この小物入れ、こんなに大きな社名が入っていなかったら使いたい！（わがままで申しわけないです。すみません！　もらっておいてアレなんですが……。ただ、そもそも社名が入っていなかったら、粗品でお客様に渡す意味がないですよね……）

断り下手な人もいらっしゃるかと思いますが、家の収納場所にも限りがありますので、まずは、お断りできるものは丁重にお断りして。

たとえばエコバックだったら、「もうすでに、たくさんのエコバックが家にあるので、ほかの方に差し上げてください」とお断りします。

「え？　いらないんですか？　これ、人気なんですよ！」と押し通されたこともありました（泣）。

とか言いつつ、とあるスーパーでイタリアンチーズ・フェアをやっていて、〝お買い上げの方にエコバックプレゼント！〟と銘打っていたエコバッグが、とってもかわいくて、すごく欲しくて、買う予定がまったくなかったチーズを買ってみちゃったりしたこともあります……。

ええ、わかってます。矛盾していることを。売るほど家にあるんでしょ？　というツッコミが方々から聞こえてきます（反省）。

しかし、40代になって自分の好きなものがだいぶわかってきた今、自分の気分が上がるものだけを周りに置いておきたい。

気持ちが上がらないものは、日々のパフォーマンスをあらゆる方向で下げる気がするのです。

だから、気に入るまで、なんとか工夫してみます。

いただいたカレンダーは、絵が好きではないけれど、数字の書体が見やすくて美しいと感じたならば、サイズをきっちり計って、定規とカッターで数字の部分だけいただきます。

わたしのデスク前の壁には、このように〝いいとこどりしたカレンダー〟が貼ってあります。

粗品のタオルなら、酪農の方への寄付にまわします（牛のお乳を拭くのに、新品のきれいなタオルが必要なのだそうです）。

たくさんいただいた苺がすっぱかったら、ジャムに変身させてしまいます。

あげる側の都合と、もらう側の都合はそんなにうまくいきませんが、わが家のお隣さんは、お裾分けのときに必ず「○○をたくさんいただいたのだけど、うち、夫婦ふたりだから食べきれなくて。もしお好きだったら、少し持っていくけど、どうかしら？」と確認してくださいます。

育ち盛りがいるもので、たいていはありがたくいただきますが、旬がある野菜や果物は、いただきものが重なってしまうこともあります。そんなときは、「すみません、実はもうすでにたくさんありまして……」と、正直にお伝えします。

すると、「そうよね〜。この時期だものね〜」なんておっしゃって、「気にしないでね、またなにかあったら」と、こちらの負担になるようにはされないのです。

ああ、お隣さんがこんな方でよかった。

粗品や景品も、お隣さんのようにしてくれたらいいのになあ。

ビールのノベルティでもらったエコバックや、ニューヨークやパリで購入したスーパーのエコバック
(左)いいとこどりしたカレンダー。もともとはイラストが入った大判の12カ月分のカレンダーだったのですが、1カ月ごとにカットして各月ぶん貼って使っています

トイレの整えグッズ

わが家のトイレの手洗い場は、ものを置くスペースが広くて気に入っています。せっかく広いので、なにかお気に入りのものを置くのもいいけれど、お客様のための「整えグッズ」を揃えてみようと、あるとき思いつきました。

そうすることにしたのには、2つ、きっかけがありました。

ひとつは、飲食店のトイレでたまに見かける整えグッズを見てから。個装されたマウスウォッシュ、綿棒、楊枝、コットン、ティッシュペーパーなど、用を済ませてから身なりを整えるのには、いいタイミングですよね。

お店の心遣いに感謝しながら使わせてもらっています。いつか家でもやってみたいな、と思うきっかけになりました。

もうひとつは、以前、気が利く方のお宅へお邪魔したとき。

帰る前に「お手洗いは大丈夫ですか？　もしお使いになるなら、どうぞ」と一声かけてくださいました。

「ちょっとトイレ借ります」と言えばいいのですが、なんとなくどこかで「ちょっと悪いなあ、帰りの途中どこかに立ち寄ろう」という方も多いのではないでしょうか。

わたしもどちらかというと、後者側です。

でも、先方からこう促していただけたら、とても気持ちよくお借りすることができますし、お借りする際に、帰る前の身支度もできます。

お茶や食事を振る舞われたら、女性は口紅がとれてしまうから、外に出る前に直すこともできます。

その気が効く方は、用を足すことだけではなく、身支度も心置きなくどうぞ、ということも促してくれたのだと思います。

なるほど。トイレって、整えるにはとてもいい場所なんだなあ。

それに気づいたわたしは、改めて考えてみました。

トイレのドアを閉めたら、お客様が気兼ねなく、なんでも自由に使えるようにするには、なにが必要か。


まずは、お宅にお住まいのご家族が使われているタオルと同じものを使うことにためらうこともあるので、小さめの紙ナプキン。ティッシュとして使ってもいいように。

口の中をさっぱりさせたいならば、マウスウォッシュ。

横に、使い捨ての小さな紙コップ。これは、街のパッケージショップで、飲みものの試飲サイズのものを手に入れます。ワインなどの試飲でよく使われていますよね。

何個か重ねて、埃がかぶらないように伏せておきます。

それらのものを置くのに、シンプルな木のトレー。

そばには、使い終わった紙コップやティッシュを捨てる小さなゴミ箱。

ひととおり整えたら、〝ご自由に〟のパフュームを。

トイレでリラックスして、香りを身にまとっていただいて、ちょっとした「非日常」も味わって欲しいのです。

よそのお宅におじゃましたときは、もうそれ自体が非日常です。楽しくおしゃべりして、おいしいお菓子とお茶。

または、おいしいお酒とおいしい食事もありますよね。

あ〜〜〜楽しかった。その夢がまだ続くように、最後のトイレできれいに身支度。いい香りをまとって、楽しい思い出が頭からこぼれないように、ゆっくり優雅に帰路についてもらって、「ただいま」と自宅に帰ったあとも、わが家でつけてくれた香りがふんわり残っていたら、まだほんの少し、楽しい非日常が続いている気分になれるはずです。

翌日には消えているだろうけれど、脳のどこかの片隅に、「あの家に行くと気分がいいな」という記憶が残ってくれたら、こんなうれしいことはありません。

Aēsop.
MOUTHWASH
BAIN DE BOUCHE

トイレの整えグッズ。左からガラス細工五つ。アロマポット、主にミントの香りを焚いてリフレッシュできるように意識しています。臭い消しのドロップ(スポイトつきの瓶)。紙ナプキン、マウスウォッシュ、紙コップ、ハンドクリーム、爪用ブラシ

5章

視点を変える

イラストを描く仕事をしているので、時々もののデッサンをすることがあるのですが、同じものでも視点を変えると、違った見方ができて新しい発見があったりします。ありきたりで、つまらないと思い込んでいることでも、見るポイントや考え方を少し変えてみるだけで視野が広がって、楽しめるかもしれません。

ときどき占い

占いが、好きです。

もともと母親が占い好きで、実家にいた頃からなじみがあったこともあり、時々、ひとりで占いに足を運んでいます。

たとえば旅先で、なんとなくノリで鑑てもらうこともあれば、友人から「この先生、いいよ」と勧めてもらったりして行くこともあります。

手相、タロット、西洋占星術、インド占星術、オーラ鑑定などなど。そのときに困っていることや迷っていることがあるときに、相談するという軽い気持ちで。

女のおしゃべりの延長で友人に悩み相談もしますが、「ちょっとこれは近しい人だと相談しづらいな」ってこと、たまに出てきますよね？

そんなときは、第三者的な感じで、占いの先生に話してみます。

話すときは、普段わたしのことを知らない人に説明しなければなりません。

ただ、今持っている情報を垂れ流すだけでは、先生に伝わりません。

まずは話をまとめなくては……。

これがこうで、こうなって、そしたらこんな問題が出てきてしまって……、など頭の中で整理して、ときには、鑑定の前にメモに箇条書きして。

すると、もうすでにその時点で答えが出ている場合が多々あるのです。

「ああ、そうか。わたしはここで、ひっかかっていたんだな」とか、「これをやめたら解決するじゃん！」とか。

でもまあ、予約してしまったのなら、占いに行ってみましょう。

そこで、やっぱり自分が思ったとおりだったなあという確認ができるし、そうでなければ、意外なところに答えが転がってることも。

以前、対人関係で困っていたことがあり、答えが見つからず、ある日、占いの先生に相談してみたところ、「あなた、今困っているそれ、同じこと、誰かにしていない？」と伝えられたことがありました。

ハッ！　そう、そうです。

そう言えば、思い当たる節があったのです。驚きました。

直接その人にやっていなくても、ほかの人にやっていたことが、巡り巡って自分のところに降りかかってきていたのです。


それを聞いたとき、小学生の頃、大好きだった担任の先生が、授業の時間が余ると、人生論などを話してくれていたことを思い出しました。『安寿《あんじゅ》と厨子王《ずしおう》』という日本の童話を、ひとり劇場で演じてくれたこともあるし、とにかくおもしろい先生でした。

その先生は、「神様はな、空からみんなのこと見ていてな、いいことも悪いことも全部、帳面につけているんだ。そのツケは、いつかどこかで払うようになってるんだぞ」「天に向かってツバ吐くと、結局自分にかかってくるぞ！」と。

まさにそれだったのです。


30年越しで理解できた、先生の人生論。

頭でわかっているつもりでも、腑に落ちていなかったのですが、占いに行ったことによって、それに気づかせてもらえました。

わたしにとって占いは、「未来の何年何月何日にこんなことが起きますよ」「信じないと恐ろしいことがあるかもしれません」「運命は決まっています」というようなことを知りたいわけではなくて、生きていく上で大切なことや、やるべき課題を気づかせてもらえる、そんな存在です。

なにか問題が起きているときって、視野がとっても狭くなっているんです。

視野が狭くなっていると、鬱々《うつうつ》としてきて、客観的にものを見ることが難しくなってきます。次第に、自分に自信を持てなくなり、ますます自分を責めるようにもなってきます。

それをちょっと引いた場所に連れて行って欲しくて、そのきっかけとして、わたしは占いに行くのかもしれません。

自分を見る視点を変えるきっかけになると思いますよ。

マカオのフォーチュンクッキー。クッキーを割ったら、中に赤い印字のメッセージが入っています。「Look! Good fortune is all around you.（見て！　幸運は、あなたの周りにあるよ）」。ひとつひとつのメッセージが異なるので、みんなで見せ合うのも楽しいです

A long term goal will soon
be achieved
Something you lost will
be found
is all around

そうじゃなかったとき

「きっと自分も将来、これが当たり前にできる」と思っていたのに、できなかったことのひとつが「ピアスをつける」こと。

高校3年生の頃、進路が決まってホッとしている友人たちが、次々と耳にピアスの穴を開け始めました。

そんな友人たちを見ながら、わたしも1月の誕生日の頃には皮膚科に行ってピアスの穴を開けようと決心し、ついに、その日を迎えました。

子どもの頃からお世話になっている皮膚科へ、母に連れて行ってもらい（まだ高校生だったのに、母はよく連れて行ってくれたな〜）、穴を開けたい場所を指定して先生に開けてもらいました。

開けて3カ月は、金のピアスでかぶれ防止。

「穴が安定するまで、毎日くるくるピアスを回してね」という先生からの言いつけを守り、そのうちに進学で東京に上京。

アクセサリー屋さんに足を運んでは、穴が安定したらつけたいかわいいピアスを探して楽しんでいたのでした。


その3カ月が過ぎ、ようやくお気に入りのピアスをつけ始めたら、おや？　なんだが耳の様子が変。じゅくじゅくし始め、大きなかさぶたがいくつもある、そんな状態になっていました。

2人の姉たちはピアスの穴がきれいに整い、ピアスライフを楽しんでいるというのに……。

そこで、もうこれ以上ピアスを続けるのはよくないと思い、思い切ってピアスはやめることにしました。

せっかく買ったお気に入りのピアスも眺めるだけに……。

それから数年後、それでもやはりピアスへの憧れが捨てきれず、そして医学の進歩と自分の体質が以前よりピアスに耐えうる体質に変化したかも？　という勝手な思い込みで、懲りずにまた皮膚科でピアスの穴を開けてもらいました。

が、やはり同じ結果に……。

これでようやく、ピアスへの憧れは諦められたのですが、すてきなピアスをつけている人に会うと、「いいなあ、イヤリングでは、この華奢《きゃしゃ》さやかわいさは出せないよなあ」「イヤリングは、どうしてもボテっとしていてかわいくない～！」と、今度はイヤリングへの恨み節……。

ところが、それを覆すような、すばらしいイヤリングに出会ったのです。

見た目はとっても華奢で、小さな輪っかになっている金のイヤリング。

誕生日だし、自分に指輪を買おうかな、とのぞいたアクセサリー屋さんで見つけました。

「こんなの欲しかったんです！」と店員さんに経緯を伝えると、「そうなんです。そういったお客様が多くいらっしゃいますよ」と。

わたしと同じ思いをしている人がいるのね。うれしい……！

それからは、ちょくちょくイヤリングを探す日々。

そうできると思っていたのに、できなかったとき、「できないんだ、ダメなんだ、もう終わりだ」というマイナスな思いしか出てこないかもしれません。

でもそこで、くるりと視点を変えれば、今まで以上にできることが、実は増えていることだってあるんです。

現にイヤリングは、大胆な大きなデザインのものでも、しっかりホールドしてくれて落ちる心配がなく、耳にも安心。選べる範囲がぐっと広がりました。

他人から見たら、ささいなことだと思いますが、この喜びは自分で見つけた、とても大きなことなんです。

出かける直前につけて、帰ってきたらすぐに外せるように、よく使うアクセサリーは玄関のすぐそばにある戸棚に収納
(左)中央にあるのが、金のイヤリング。洋服がシンプルなときは、大きめの個性的なイヤリングをつけるなど、使い分けて楽しんでいます

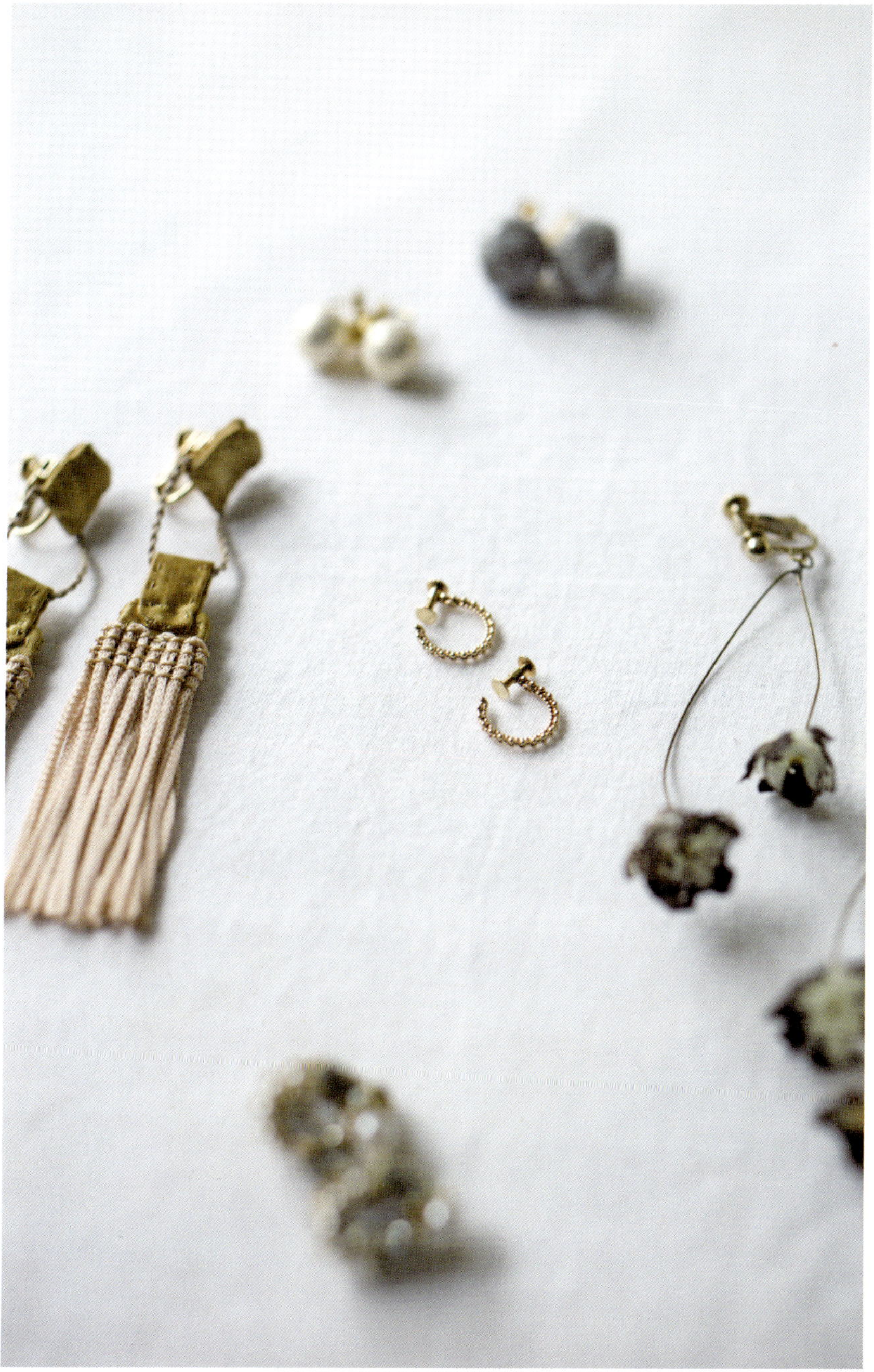

ネイルをひとつ買ってみる

買いものはお好きですか？　わたしは大好きです。

仕事で行った先の近くに気になるお店があれば、時間の許す限り寄ります。疲れていても「せっかくここまで来たんだから、寄らなくちゃもったいない」と思ってしまうのです。

しっかりごはんを食べたあとでも、甘いものは別腹（買いものは別脚？）とばかりに、気になるものだったら、食料品、洋服、雑貨、化粧品、どんなジャンルでも。気になるアンテナが働けばどこへでも……。

モデルの仕事のときは、ヘアメイクさんから「今、このコスメがいい」なんて聞くと、帰りはまっすぐ家に帰れません。多少遠回りでもチェックしに、その勧められたものが売っているデパートやコスメショップへ向かいます。

これを書いていながら、自分の貪欲さに、ちょっと引きます……。

でもまあ、ここで気になるお店に赴《おもむ》き、欲しいものがすべて買えるなら、どんなにいいでしょう。

誰もが描く大きな夢「欲しいものをすべて買う」。できたらいいなあ。


とは言え、自分が自由に使える金額には、当然限りがあります。

現実は、夕飯の食材を買うお金、子どもの習い事代、電車賃、電気代、ガス代、携帯の通信費、給食費、などなどなど……。

理想と現実。

洋服だって、もっとたくさん欲しい。だけど、節約しなくちゃならないときに限って出てくるのが物欲です。限りがあるからこそ、質のよいものを選びたいですよね。


さて。わたしはそんなとき、ネイルをひとつ買うことにしています。

値段は数百円のものからありますし、洋服を買うよりも断然安く手に入れられます。

今は本当に色彩豊かで、よりどりみどり。

ネイル売り場では、すぐには選ばず、じっくりと自分好みの色を吟味します。

この感覚が、洋服選びの欲を満たすときの感覚に近く、とっても満足します。

そして好みの色があったら購入。

家に帰って家事を済ませ、お風呂も歯磨きも終わらせてから、今日買ったネイルをゆっくりと塗ります。

あとは寝るだけなので、ネイルが乾くまでに家事をすることで、ネイルがよれたり、はがれたりする心配もありません。


目線の先にいつもある手先がきれいに彩られるのは、新しい洋服に袖を通して鏡を見たときの感覚に似ています。

ときには単色ですべての指を塗らずに、好きな色合わせで2色をランダムに塗っていくことも。これも洋服の色合わせに似ています。

わたしが好きなのは、ベージュに近い色のヌードカラーと、グリーンに近いグレーや、ラベンダー色に近いグレー、ブラウン、ピスタチオ色など。

これらを組み合わせて楽しみます。

明日は休みでお出かけ、なんてときには、鮮やかなボルドー色。夏でサンダルを履く機会が増えると、足のネイル（ペディキュア）も楽しみます。ぐっと力のあるグリーンで大人っぽくしたり、パステルカラーで軽やかに。手の指よりも、より遊び心を入れて気分を盛り上げます。

体全体から見ると小さな面積なのに、こんなにも楽しませてくれる爪は、なんてすごいヤツ！

ネイルを塗るだけで、大きな満足感が得られて、わたしの物欲は満たされます。

時間に余裕があるときは、ネイルを塗る前に甘皮をとったり、爪磨き。ささくれが出やすく乾燥ぎみな年頃なので、オイルを染み込ませながらマッサージ。

忙しい日々だと、ネイルがだんだんはがれてきます。そんなときは「ああ、ちょっと、そろそろ労《いたわ》ってあげないと……」と気にかけながら、ついでに自分も労ってあげてはいかがでしょうか。

きっと心が満たされると思います。

ネイルを塗る前に指のマッサージ。家事をしていると指先が乾燥しがちなので、なるべくこまめにやりたいものですが、ついつい、あとまわしになりがち。だからこうして指先のケアができるときは自分を労っているな、と感じます

グレイッシュトーンのものを選ぶと、指先がシックにキマっておすすめです

新聞と新聞紙

海外旅行に出かけると、その国の貨幣が毎回少し余ります。紙幣は、また次回の旅に使えるようにとっておきますが、小銭はなるべく使いきりたいので、帰りの空港でフライトまでの待ち時間に売店を散策して、その国のお菓子を買ったりして楽しみます。

買いもののなかでも毎回欠かせないのが、その国の新聞。たいていが読めないので、〝新聞〟と言うより、「〝新聞紙〟を買う」のほうが的確な言い方かもしれません。

これを何に使うかと言いますと、まずはお土産を包むため。「その国に行ってきたよ」という意味を込めて、包んでもいいですし、ちょっとした紙袋を作って、中にお土産を入れても。

イギリスやフランスなどヨーロッパの新聞紙のほかに、タイなどアジア圏の新聞紙も、また違った味わいがあります。

お土産を包む以外には、花束を包むため。

わたしは友人に時々、庭に咲いている花や植物を適当にカットして「庭束」を作ってプレゼントするのですが、そんなときにも海外の新聞紙が役立ちます。

自国、日本の新聞紙だと「ああ、紙がなかったから間に合わせのコレね」的な印象になってしまうけれど、海外のものだと「ちょっと気を使っている」感じもにじみ出る（？）ような気もしています。わたしの勝手な考えですが……。

それから気をつけたいのが、「どの面を表に持ってくるか」です。

ボクシングの試合のニュースでチャンピオンが雄叫びを上げている写真の面を使ってしまうと、なんだか強そうな印象になってしまうし、あまり悲しいニュースの面もやっぱりね……（受けとった相手を悲しい気持ちにさせたくないですからね）。

おすすめなのは、色のきれいな写真が載っているとか、きれいなイラストが使われた広告面など。

国が違えば、使われる色味や写真も様々で、おもしろいのです。

海外から日本へいらしたお客様たちの中にも、日本の新聞紙をこんなふうに使っている方もいるのかしら？　と日本の新聞紙のゆくえが気になります。

そうそう、子どもの頃、親から「今日のものは〝新聞〟だから踏んづけたり爪を切るのに敷物にしたり、切りとってはダメだよ」と教えられました（もしかしたら担任の先生だったかも？）。

「昨日のものは〝新聞紙〟だからそうしてもいいよ」とも。

「そうか。新聞と新聞紙はずいぶん大きな違いだな」と、子ども心にも強く印象に残っていました。

新聞は、世の中のニュースを伝えてくれる先生のようなもの。それをぞんざいに扱うことは許されないことだったのです。

そして日付が変わると、今度は生活に便利な、たくましいヤツに変身を遂げます。瀬戸物をくるんで割れないように緩衝材として。あるいは、野菜を包んで鮮度を保ったり、硬く丸めてチャンバラごっこにも……。なんて頼もしい！


ここ最近のお気に入りの使い方は、家で焼肉をするときにテーブルいっぱいに新聞紙を敷き詰めて、油はね対策に使うというもの。

これがですね、食べ終わって片づけるときに驚くのです。こんなにも油が飛び散っていたのかと……。それを新聞紙が体を張って汚れを防いでくれたのかと思うと、新聞紙に感謝の気持ちでいっぱいです。

たかが新聞紙とは言っても、いろいろな使い方ができますね。


これからもよろしくお願いします。

新聞さんと新聞紙さん。

庭のローリエの枝を友人にお土産に持っていくときなど、ラフな感じに包むのにもってこいな新聞紙。ここは日本のものではなく海外のもので

海外旅行のお土産に新聞を数紙買うのが習慣になりました。海外はタブロイド版の大きさが多いので、包むのにちょうどいい大きさで重宝します

Ａ４用紙の可能性

Ａ４用紙はすごい。

なんて思っている人は、この世の中にどのくらいいるでしょうか？

多くの人にとっては、「よく見かけるサイズのコピー用紙でしょ？」というぐらいの認識かもしれませんね。

でも、わたしにとっては、日々なにかしらお世話になっている、紙の大きさナンバーワンです！　何等分かに分けてメモ用紙にしたり、子どもが小さい頃はお絵かき用紙にしたり、紙袋を作ったり、紙飛行機を作ったり。最も使うのは、プリンター用紙として。もしこの世の中にＡ４用紙がなくなったら、世の中の秩序が壊れてしまうんじゃないかと思うほど。

大判のポスターがＡ０。その半分が新聞見開きサイズのＡ１。

よく見るポスターの大きさがA２。その半分が選挙ポスターのA３。

そして、さらにその大きさを半分にしたのがA４です。


ちょっとお勉強の時間になってしまいますが、このA企画の紙は日本人にとてもなじみやすい〝白銀比率《はくぎん》〟というもので、比率は数字にすると、１対１・14。

これは日本人がよく見る、なおかつ心地いいと感じる比率なんだそうです。

奈良県にある法隆寺の金堂の、上の屋根と下の屋根の比率が、１対１・14。

五重の塔の、一番上の屋根と一番下の屋根の比率も、１対１・14。

おなじみ日本の代表的キャラクター、ドラえもんやキティーちゃんも、１対１・14の比率になっているというから驚きです！

そんな比率とは知らず、子どもの頃から、この比率の紙を使って遊んでいました。


子どもの頃、実家には『チャイクロ』(高田恵以・著、BL出版)という、さんすう、自然、工作などいくつかのカテゴリー別になった教育絵本のセットがあり、その中の工作の絵本に「かみぶくろのつくりかた」というページがありました。

ここを見つけたときの衝撃は、今でも忘れません。

「ええ!?　お店やさんで買いものしたときの、あの袋が作れるの?」

当時小学1年か2年生だったわたしは、父にA4の紙をもらい（仕事でコピー機を使っていたのでA4用紙がたくさんあったのです）、紙袋を何枚も何枚も作ってはストックしていたのでした。

それをなにに使ったかと言うと、お小遣いで袋入りの飴やラムネを数種類買い（仕入れ）、お店のようにダンボールの上に陳列して家族に現金で売る（販売・収入）遊びをしていました。

買ってくれたお客様（家族）に、商品を手作りの紙袋に入れて渡す。その行為がしたくて。しかも、ちょっぴり儲かるという……。

確か、店名を決めて、紙袋にペンで店名を書き入れていたような……。

今も作り方はしっかり覚えていて、お菓子を焼いたときのおすそ分け袋などに使っています。

最近ではパソコンで簡単なラベルも作れてしまいますから、あの頃のわたしに「どんなラベルが欲しい？　作ってあげるよ」と言ってあげたいなあ。
「どうせなら店の屋号を考えて、ロゴ作っちゃおうか？」な〜んて。

Ａ４のサイズと言うのは、もともと日本人の〝もったいない精神〟に基づいた、切れ端などの余りが出ない裁断方法から生まれたものだそうで、無駄がありません。ということもあって、紙袋が「なんだかこの比率は使いやすい」という仕上がりに不思議となるのです。

詳しくは各自調べていただくとして、紙袋の作り方を覚えておくと、ちょっとしたおすそ分けやプレゼントに使えるので便利です。

「Ａ４　紙袋」とネット検索すると、いくつか折り方がヒットしますので、参考にしながら、ぜひ作ってみてください。

今、自分の身の回りにあるもので、なにができるだろう？　と考え、工夫することは、日常が思った以上に輝くことをお約束します。

折る、切る、塗る、貼る……。手を動かしていると、純粋に楽しい！

同じA4用紙から、マチのある紙袋や封筒など、違うサイズの封筒ができます。もし封筒のストックがない！今すぐ必要なんてときにも、わざわざ買いに行かなくても「作ればいいや」という思考回路に。そうした考え方も、暮らしを豊かにする行動のひとつだと思います

ものを手作りすることが好きです。これは、フィンランド伝統品のヒンメリ。「光のモビール」とも言われます。上部は“天”を、下部は“地”を意味し、古くから太陽祭などの祭事で用いられてきたそうです。ヒンメリの基本形は上写真の8面体。これを組み合わせることによって、いろいろな形に展開でき、左ページのような複雑なデザインが作られていきます。気持ちが落ち着いて、かつ時間に余裕のあるときにだけ作っています

いなかのこと

一昨年くらいから、仕事で地方へ行く機会が増えてきました。

トークショーに呼ばれたり、雑誌の取材だったり、行く理由は様々です。

メインの仕事の前後に、その土地のおいしいものをいただいたり、観光をして、「まだまだ日本には、こんなにもすばらしいところがあるのだ」と、その土地土地での魅力にとりつかれてしまいます。


ときには、そこに住んでいる自分を想像。

案内してくれる現地の役所の観光課の方だったり、コーディネーターさんなどに、「あの！　物件情報を教えてください！」なんて聞き出して、具体的にそこに住んでいるという設定で妄想……。

より具体的に、「ここに住むとなると、車が必要だよね。では、どんな車に乗ろうかな？　食材の買い出しは、あの朝市に行くでしょ……。温泉が多いから、内風呂は小さくてもいいかな……」と、まあ、ずっとこんなふうに妄想しています。

景勝地で観光していると、日常をぱんぱんにまとった小学生が下校している姿を見かけることがあって、それだけでもう、感動！

おお〜っ、この風景が彼らにとっては日常なのね。毎日浴びるようにこの光景を見ているなんて！　彼らは今これに感動していなくても、大人になってから「いい場所で育ったなぁ」と思う瞬間がきっとあるよね。そのとき、どんな大人になっているのかなあ……って、ここまで妄想してしまいます。

いつもの日常が、家事や仕事に追われる日々で、疲れることがあるからこそ、自分の日常以外の風景を思い、少々現実逃避して楽しんでいるような気もします。

そう言えば、わたしが育った街には、日本最古の学校があります。

わたしが通っていた高校は、その学校のすぐ近くにあり、当時は自転車でそのそばを友人と走り抜けていました。

その頃は「日本最古の学校があって、わが街はなんてすばらしいのだ……」とはまったく思わず、放課後に行くかき氷屋さんで「今日は何味のシロップをおばちゃんにオーダーしようかなぁ」ということで頭がいっぱいでした。

ある日、その学校の周辺をいつものように走り抜けていると、観光にいらしていた60代くらいの女性が、「あら、こんなすてきな場所が通学路なんて、いいわねえ」と言っているのが聞こえました。

当時は、それをたいして気にも留めませんでしたが、今となっては、あのご婦人と同じ気持ちです。

わたしはその後、生まれ育った街を離れ、進学で東京へ。

もう実家にいたときよりも東京に住んでいる期間が長くなってしまいましたが、離れてみてやっと、住んでいた街の魅力に気づきました。

ずっとそこに住んでいると、その光景が当たり前すぎて、そのよさに気づかないことがあります。ですから、先日久しぶりに再会した地元に住んでいる友人が、「ここに住んでいても、なんにもない。つまらない街だよ」と言ったことに耳を疑いました。

わたしも地元に住んでいた当時は気づけなかったのですが……。

実はこのセリフは、ほかの地方へ伺ったときにも、ちらほら聞こえてくるものです。

しかしどうか、どうか、そう思わないでください。

住んでいる人が、その土地に対する気持ちを手放さないでください。

そして、ほかの土地へ出かけてみてください。ほかを知ると、自分が住んでいるところの〝よさ〟がしっかり輪郭を持って見えてきます。


「魅力のある県・ない県ランキング」なるものが毎年話題になりますが、あんなものは、わたしが丸めてくちゃくちゃポイします！

その土地その土地で必ずあるのです。

すてきな景色が、食べものが、産業が、そして、なにより、人が！

順位なんて、いりません。その土地に住んでいる人が、その場所の魅力を守り、その土地を訪れた人が魅了されて土地の魅力を語ることで、住んでいる人が地元のよさを改めて確信する――。

どうか、そんな循環が生まれますように。

山中湖。じゅうじゅう。下味をつけたお肉に味がしっかり染み込んで、最高の味になりました

2019年1月1日の富士山。東名高速より連写のベストショット(運転中だったので、娘に撮ってもらいました)

和歌山・白浜の円月島。撮影の仕事で来ています。紀州、いいなあ、いいなあ

平日の北鎌倉を散策。人が少ないのでゆっくりのんびり歩いていたら、岩にこんなおじぞうさんの彫り物があるのを発見

伊勢神宮のお馬さんが優雅に目の前を通り過ぎて行きました。いいことありそうな予感

4月1日に山中湖へ富士山を見に行ったら、まさかの降雪。しかし富士山の裾野に添うように虹が！

愛知の海岸。海を眺めるのが大好きです。海なし県育ちなので海への憧れは強いです

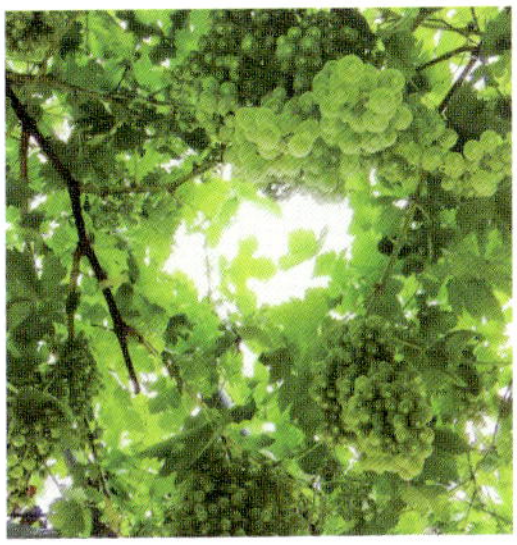

葡萄の原種と言われている葡萄の畑を真下から見上げてみる。今日は長野のワイナリーへ

北海道。訪れた日の前日に生まれた仔牛。こちらをじっと見ていました

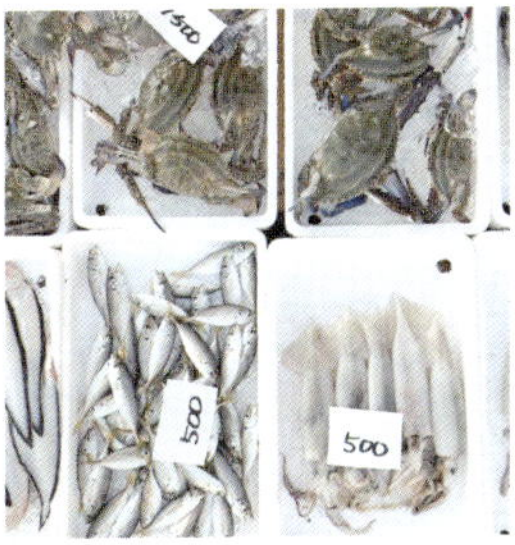

愛知。朝ごはんの魚を調達に朝市へ。この時期は渡蟹がたくさん獲れていました。どれも新鮮！

大阪。やはりここは見ておかなくては。太陽の塔。写真で見るよりも圧倒的な強い存在感

尾道。穏やかな海や、街の様子が、忙しい日常を忘れさせてくれます

おわりに

30歳になった頃、先輩の女性から「40代になったらますます楽しくなるよ」と聞いたことがあります。

しかし、いざ40代になってみると、実際それとは程遠く、今の自分は、やりたかったことをやれているのだろうか。なりたかった自分に近づけているのだろうか。

ふと不安になって、戸惑いを感じてしまう……。

こうした悩みを抱えて、毎日を楽しめていないと言う知人が、わたしの周りには何人もいました。

毎日いろいろな出来事があって焦ったりイライラしたり。とくに40代を迎えると、気力や体力的にも、つらいことが増えてくるかもしれません。

でも、日常の中に楽しいことは、たくさんあります。

「空の色がきれい」「花が咲いた」などのささいなことでも、見つける努力をするだけで、日常の暮らしの中に楽しいことや幸せが見つかって、前向きに日々を過ごせるようになると思うのです。

本書が少しでも、悩みがちな40代女性のお役に立てたら、これほどうれしいことはありません。


わたしは今、演技に興味が湧き、演劇の学校に通っています。演じるってどういうことなんだろう？　ということに興味があったからです。幅広い年齢層のクラスメイトに囲まれてレッスンを受けながら、刺激をたくさんもらっています。

自分の仕事に通じることを学べたり、新しい発見がいろいろとあって、始めるのに遅すぎるということはないと実感しています。

45歳になり、そろそろ人生の折り返し地点に差し掛かってきましたが、これからも興味があることには、無理のない範囲で挑戦していきたいと思っています。

がんばりすぎるとつらくなるので、小さなことから少しずつ。

無理なく日々を楽しむことのできる、生き生きとした40代女性が増えることを願っています。実り多き40代をともに楽しく過ごしていきましょう！

香菜子

香菜子（かなこ）

1975年、栃木県足利市生まれ。女子美術大学工芸科陶芸専攻卒業。在学中にモデルを始める。

1998年、出産を機に引退。2005年、第二子出産を機に雑貨ブランド“LOTA PRODUCT（ロタ プロダクト）”を設立。母の立場から「こんなものほしい」をかたちに雑貨をデザインし人気を集める。2008年よりイラストレーターとしての活動もスタート。また、モデル業にも復帰し、さらなる活躍の場を広げている。モデルのかたわら2018年7月より架空のHOTEL VILHELMS（ホテル ヴィルヘルムス）を作り、備品などをイメージしたプロダクトの制作を開始。

2015年、コーディネートブック『普段着BOOK』（主婦と生活社）を出版。たちまち重版となり、シリーズともに好評発売中。近著に『香菜子さんのおとな服練習帖』（宝島社）がある。

https://www.instagram.com/kanako.lotaproduct/?hl=ja

ブックデザイン　縄田 智子（L'espace）
撮影　砂原 文
イラスト（見返し）　香菜子

毎日、無理なく、機嫌よく。

2020年5月18日 第1刷発行

著　者　香菜子
発行者　徳留 慶太郎
発行所　株式会社すばる舎
〒170-0013 東京都豊島区東池袋3-9-7 東池袋織本ビル
TEL 03-3981-8651（代表）
03-3981-0767（営業部直通）
FAX 03-3981-8638
URL http://www.subarusya.jp/
振替 00140-7-116563
印　刷　ベクトル印刷株式会社

落丁・乱丁本はお取り替えいたします。

ISBN978-4-7991-0896-3

12345
D
A
C
B

LIP
CREAM
HØTEL
VILHELMS
VILHELMS
LIP
CREAM
48
Purify
Natural
ARTIFICIAL ARTIFICIAL
CONSCIOUS
UNCONSCIOUS
NATURAL
ARTIFICIAL
CONSCIOUS
UNCONSCIOUS